カフェロッタのことと、
わたしのこと

なぜこの小さなカフェに、人が集まるのか

桜井かおり

もくじ

※本書は『CAFERES』で連載した「カフェ・オ・レはきょうも笑顔」（２０１８年１月号～２０２１年冬／春号）に加筆修正して一冊にまとめたものです。

はじめに

わたしは20年間、東京の世田谷でカフェを営んでいます。

カフェの仕事のすばらしさやどんなことにやりがいを感じて20年間も続けてこられたのか、
あれやこれやたくさんの人に伝えたい、そんな思いで『CAFERES』で３年間綴ったエッセイが一冊にまとまりました。いろんなことを思い出し原稿用紙を濡らしちゃったことも。

はじめに言っておきますね。

決してこの本はカフェ経営の手引きではありません。

だって、わたしが20年コツコツやってきたことって、今の時代に通用しないことだらけだもの。古い。

でもね、長く店を続けてこられたのにはそれなりの理由があるのかな、とも思っています。


この本は、わたしがわたしらしいカフェをつくった20年分のストーリーです。

最後まで読んでいただいて、わたしがずっと大切にしてきたこと、カフェ経営の楽しさがみなさんに伝わったら、とても嬉しく思います。


はじまり、はじまり。

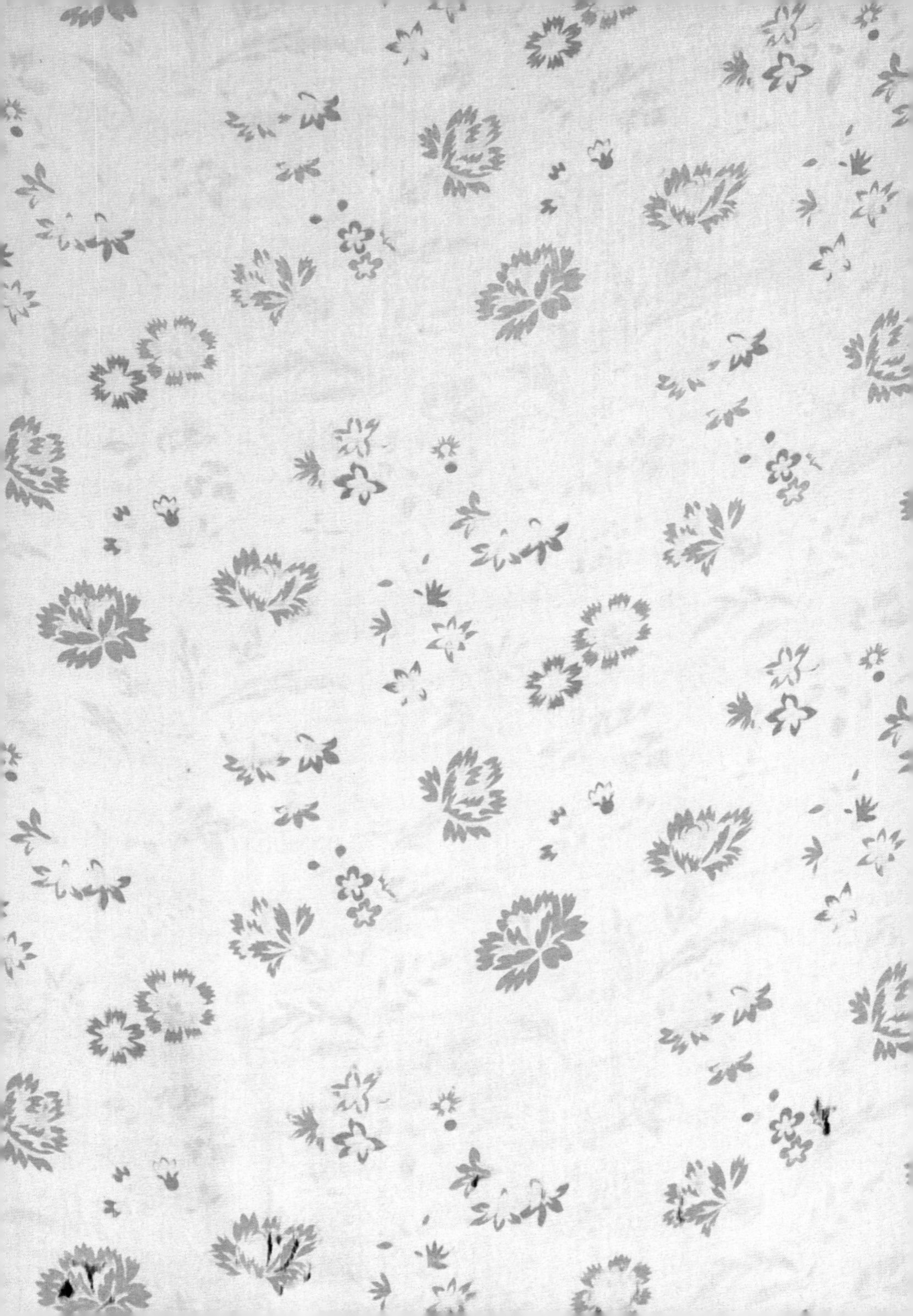

chapter 1

店がうまくいく、いかないは、「場所」ではなく「人」だとわたしは信じている

№1

わたしのカフェは、こうして始まった

接客業は「天職」だった！

はじめまして。桜井かおりと申します。世田谷の松陰神社通り商店街で、たった10席の小さな喫茶店『カフェロッタ』を20年間営んでいます。これまでのロッタのこと、わたしのこと、いつか書き出してみたいと思っていました。伝えたいことがいっぱいありすぎて、さて何から書こうかしら？まずはこの仕事に就くまでの「わたしのこと」からね。

１９６３年に福岡県で生まれ、鎌倉で育ちました。一人っ子。女子高を卒業したわたしは、とにかくお勉強が嫌いだったので、働くという道へ。

父の勧めもあり、大手損害保険会社に就職。自宅通いのわたしには十分すぎるお給料をいただいていました。貯金も貯まりに貯まって、その頃からかしら？「アルバイト（販売）をやってみたい」というある意味、贅沢なことを考えるように。厳しい女子校でアルバイト未経験だったのです。当然、両親は大反対でしたが「今やらないと後悔する」とか言ったのかな？どうにかこうにか説得し、夢叶って22歳からアルバイトを始めました。

毎日ウィリアム・モリス(Pimpernel)を眺めて
しあわせ。パリの大好きなカフェと同じ柄

お店は代官山ヒルサイドテラスにある『クリスマスカンパニー』。その当時はまだまだ雑貨屋さんが少なく、大人気のお店で毎日大行列でした。間もなく店長となり、『クリスマスカンパニーマーケットプレイス』の店長も兼任します。そして、数年後に希望が叶って、同じ会社が経営するテディベア専門店『CUDDLYBROWN』の店長へ。イギリス、アメリカへの買い付けも任されるようになり、「これは天職だ!」と思えるほど毎日が充実していました。

生後5ヵ月の息子をおぶって開業準備に奔走

そこからどのようにして飲食業という仕事に巡り合ったのか?ですよね。まだ頭の中には飲食業の「い」の字もありません。

ただ……この頃から仕事の後の一杯が欠かせなくて(ちっちゃなご褒美です)、仕事の帰りに寄り道したお店が『カフェアンジェリーナ』(夫の店)でした。マスターのルックスは好みだし、お料理も美味しいし、お酒はたっくさん並んでいるし。毎日仕事の後に通い、あれよあれよという間に結婚することに！（そこに行き着くまでいろいろあったような気もしますが、もう忘れました）。

それまでやっていた販売も天職と思っていましたが、夫の店を手伝うのもこれまた楽しくて。「何事もどうせやるなら楽しもうではないか！」がわたしの信念なもんで。

アンジェリーナを手伝っているうちに、「自分のお店を持ちたい」と思い始めたのは、長男を産んだ直後だったかな。夫が「アンジェリーナ、アンジェリーナ」と言うことにヤキモチを焼いていたのかもしれません。その想いは日毎に強くなりましたが、一人っ子のわたしはできれば子供は二人以上を望んでいたので、このタイミングがベストとは思えず、実際に物件探しなど動き出したのは次男を産んでから。わたし37歳、長男4歳、次男5ヵ月の時でした。運転免許証を持っていないわたしは、乳飲み子をおんぶ紐で体にくっ付けて食器を探し回ったり大工さんと打ち合わせしたり、時々おっぱいあげたり。寝る間も惜しんで動き回っていたあの時のパワーは、自分でも怖いぐらい。その後、経営でくじけそうになった時、幾度その時のことを思い返したことでしょう。

さびれた商店街に わたしは惹かれた

当時の松陰神社通り商店街は、最近の活気からは想像がつかないほどさびれていて、人通りもまばら。古い八百屋、肉屋、魚屋、和菓子屋、おでんの具屋がポツリポツリとある商店街でした。とても商売がうまくいく場所とは思えなかったけど、勘と言いましょうか、深く惹かれるものがあって、このさびれた商店街に的を絞って

毎朝の窓拭きは♡ これくらいの遊び心がないとね

物件探し。2軒目で今のロッタの物件に出会いました。

小さな子供がいて自分でお店をやっていくとなると、自宅と店と保育園（学校）が近いのは必須条件。「近くてよかった」と感じたことは、その後度々ありました。保育園から「お熱がある」「吐いた」とお迎え要請なんて、二人を預けていると、もうしょっちゅう。小学校に上がって送り迎えがなくなり「やれやれ」と思ったのも束の間、急な呼び出しやPTA活動、保護者会などあり、店・家・学校、この三つの点が近くて本当によかったなぁと思いました。これから子育てしながら自分のお店を持とうとなさっていたら、ぜひそういう立地で。これは先輩として強くアドバイスをします。

店をどこに構えるか、「物件探し」は一番悩むところかと思いますが、流行っている場所で高い家賃を払うより（高い家賃はのちのち自分の首を締めることになりかねない）、ぜひ自分の惹かれる場所に。「美味しくて安全」は当然、丁寧な接客を心がけていたら、お客様はどんな不便な場所でも足を運んでくださいます。飲食業がうまくいく、いかないは、「場所」ではなく「人」です。わたしはそう信じています。ロッタのある場所も2両編成のチンチン電車に乗るような、決して交通の便のいい場所とは言えませんが、20年続いています。こんなお店の始め方もあるんだと、少しでも参考になれば嬉しいな。

子育てしながらだって、親や夫やスタッフに助けてもらいながら店はやっていける。両立が大変なのは子供が小さいほんの一時です。

子供に対し「ごめんね」ではなくて、楽しそうに働くかっこいい後ろ姿を見せようではありませんか！

№2

"暗黒の時代"を
メニューの見直しで乗り越えた

「ランチはやらない!」で
たちまち経営が「難」に

２００１年３月、わたし37歳、長男４歳、次男８ヵ月の時、世田谷の小さな商店街に『カフェロッタ』をオープンしました。店の経営と育児の両立がこんなにも大変なこととは想像も計算もせず、怖いもの知らずだったなぁ。まぁそれがかえってよかったのかもしれないなとも思います。もし、店を構えるのが先だったら、子供を産むチャンスを逃していたかも……と。やはり、店の経営って想像以上に大変なことです。

オープン当時のメニューは、クロックムッシュとハニーバタートーストとスコーンとドリンク数種類。恐ろしく少ないですよね。わたしったら、このメニューでやっていけると思っていたのですから。「ランチはやってないの?」と何十回聞かれても、ランチをやるつもりはありませんでした。だって

カフェなんだもん!

来客数が少ない上にメニューが少ないってことは、一人のお客様が使う金額も少ない。なのに人件費のことも考えず、スタッフは開店前からたっぷり雇っちゃったし。そのお給料と月々の家賃、店

の借金を払っていくのが精一杯で、どんどん経営が〝難〟に。どうしたらいいのかもわからず、スタッフに賄いを窓側の席で食べてもらったり。今思い出すと笑っちゃいます（お客様がいるように見える作戦）。

　この時の毎日の睡眠時間は、2～3時間。育児とお店をギリギリの体力で頑張っていました。

夫の魔の一言で火がつき ご飯メニューで巻き返し

　そんな時だったかな？　夫（『カフェアンジェリーナ』のオーナー）から魔の一言を言われたのは。

「やればやるほど赤字になるなら、店をやっている意味はないよ。店を辞める勇気を持ちなさい」と。

　確か開店から6ヵ月が経った時のことでした。このセリフ、鬼ですよね？　悔しくて悔しくて泣きましたよ。でもね、この一言でお尻に**ボッ！**と着火したんです。やっと。

　まずはあんなに嫌だったランチを始めようと、炊飯器を購入。夫からカレーのつくり方を教わり、同時にどんぶりも始めました。白いご飯の上にのせる具は、わたしが提案したものもあれば、料理好きのスタッフが提案して実際のメニューになったものもあります。どんぶりのメニューだけで1冊の本ができるかも。ポイントは、どのスタッフがつくっても同じ味を提供できるようにしたこと。塩、胡椒で味付けするのではなく、門外不出の秘伝だれをつくり、味を安定させました。続いてガッツリ

喫茶店の定番メニュー
メロンクリームソーダは老若男女みな大好き！

なポークライスもメニューに加わり、徐々にランチタイムは満席に。盛り付けをあえておしゃれにせず、「お腹いっぱい食べておくれ！」という感じにしたことにより、男性客も増えていきました（わたし自身、いかにもカフェっぽいワンプレートの盛り付けは食欲がそそられないので）。

ロッタはこの子に助けられた。Oh merci !

後々の人気メニューになるオムライス（ロッタといえばオムライス）の登場は、これよりずいぶん後だったと記憶しています。

　また、ドリンクのメニューもホット、アイスともにグーンと増やしました。ほかにも夜の営業時間を延ばしてみたり、モーニングを始めてみたり（これは今一つだったけどね）。スタッフに助けてもらい、睡眠時間もますます削って、この危機をどうにか乗り越えました。わたしの人生で一番ピンチの時で、一番頑張った時かもしれないなぁ……。

ふと描いたラテアートがターニングポイントに

そんな時でした。あるカフェ雑誌の取材を受けた時にふと描いたカプチーノの絵が、なんと表紙に選ばれたのは（なぜこの時に顔の絵を描いたのかは謎）。流れが変わった瞬間です。全国、そして海外から「絵を描いて！」（まだこの頃はラテアートというネーミングが付いていなかったと記憶しています）とお客様がいらっしゃるようになり、いい意味でロッタが大変なことに。これが、大きなターニングポイントでした。

開店からのメニューの移り変わり。
ロッタの歴史だからこれは捨てられない

ロッタには、どこのカフェにも当たり前のようにある立派なエスプレッソマシンはありません。今も。ロッタのラテアートは20年間変わらず手動です。銅製のミルクパンで一杯ずつ丁寧に牛乳をあたため、ハンドフォーマーで泡立ててカフェオレボウルに注ぎ、絵を描くという作業。週末にはこれを何十杯も繰り返します。正直、とても手間がかかります。手だって何度も腱鞘炎になりました。でも、お客様のテーブルにお出しした時の「わぁ！」という表情が見たくて、喜んでくださる声が聞きたくて。

お店をつくる時に決めていたこと。丁寧な仕事。そして、他のお店の真似をしない、ということ。

どんなお店をつくりたいのか、頭の中で形はできていたので、他のお店を見に行くことはしませんでした。せっかくのわたしらしさがブレてしまいそうで。カフェブーム（この言葉好きじゃないけど）到来前で、見本にしたい店も参考にしたいカフェもない時代でもありました。それでロッタらしさが出せたから、よかったのだと思います。

山は途中、険しかったけど、まるで山脈で頂上も見えなかったけど、諦めず登り続けてよかった。すぎてしまえば、お客様の気持ちに寄り添えた必要な時間で宝物だ。

うん、やっぱりお客様は神様だ！

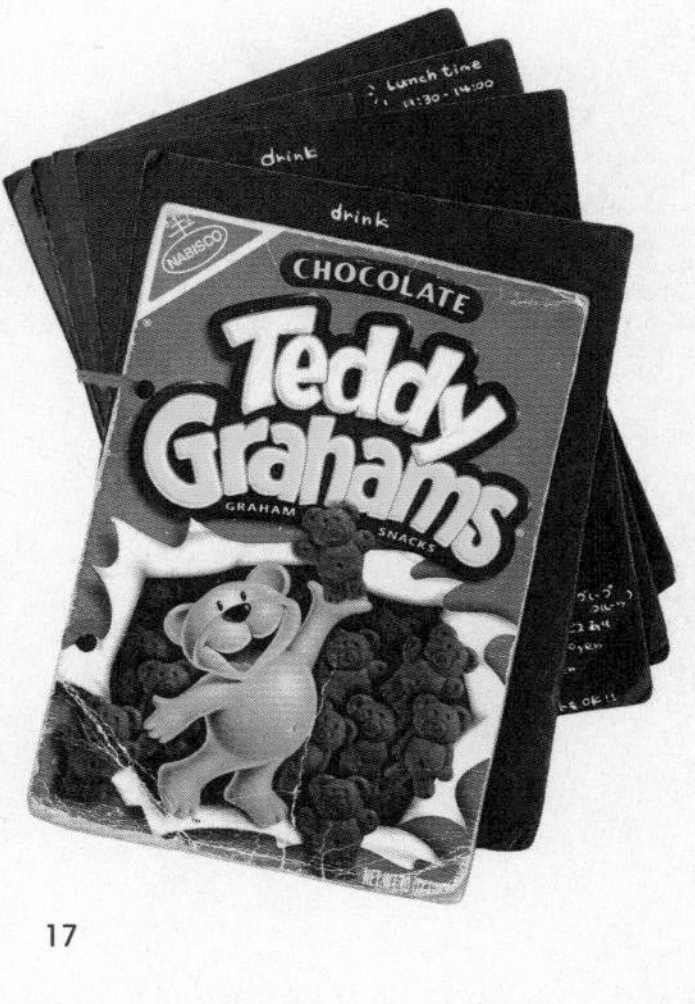

№3

職人さんとの戦いを経て、店はでき上がった

ご近所の常連さんが来る喫茶店を目標に物件探し

ロッタのある松陰神社通り商店街は、今でこそ大人気の商店街で、空き物件を何十人も待っているると聞きますが、店をつくった20年前は誰からも「あんなさびれた商店街に店なんて出したって、うまくいくはずがない。まず、人が歩いていない」と言われました。でも、世田谷でありながら、どことなく田舎のようなのどかな雰囲気にとても惹かれて、あえてそんな場所を選んだのです。

わたしは街にポツンとある、近所に住む常連さんが「ママ、こんにちは〜」といらっしゃるような喫茶店をつくりたかったから。

物件を探し始めて2軒目で、今の物件と運命の出会い。

元は老夫婦が営む街のお弁当屋さんで、2階で暮らしていらっしゃいました。本当は2階はいらなかったのですが、切り離して借りるわけにもいかず、家賃は2階建ての分、予算オーバーでしたが、すでにこの物件に惚れ込んじゃっていましたから、迷わず決めました（後々、1階は禁煙席、2階は喫煙席と分煙してお客様にはとても喜ばれました）。

職人さんに叱られてもめげずに初志を貫いた

物件を探している時から決めていたこと、それは〝白い箱〟にするってこと。そして、床は年月とともに味が出るパイン材。キッチンはちょっとごちゃごちゃ台所のようなイメージ。そう、おうちのような感じ。

施工会社は3つの会社に相見積もりを取り、決まると打ち合わせを何度も重ね、何十項目もズラズラと要望を書き出し、つたないイラストでイメージを必死に伝え、工事が始まれば毎日5ヵ月の赤子を抱えて見に来ては口を出すものだから、時には職人さんと口論。挙げ句の果てに匙を投げられ、1ヵ月ほどでできる上がるはずが約3ヵ月もかかってしまいました（苦笑）。「入口のドアノブ、トイレのドアノブ、食器棚の取っ手はアンティークにしたい」と言えば、「そんなところ誰が見るのか！」と論され、「壁のペンキ塗りはなるべく下っ端の人にヘタに塗ってほしい」といえば、「職人を馬鹿にしてんのか！」と叱られ、散々でしたが、戦いの末にでき上がった〝白い箱〟は、わたしの想いが詰まった最高の舞台となりました。

わたし、壁紙フェチです。
わたしの勝手な持論ですが、壁紙が素敵なお店は大概ハズレはない

妥協しないで本当によかったな。あそこで妥協していたらずっと気になり、きっと後悔したことでしょう。いや、つくり直していたかもしれない。

なんだかんだで当初700万円の予算は大幅にオーバーしてしまい、いまだに夫からは嫌みを言われちゃうけどね。でもね、自分のお店を持つなんて、人生の中で一度あるかないかでしょ！

自分が心地よい空間だから
毎日楽しく働ける

こだわった床は、20年という時

わたし、床フェチでもあります。
年に 1、2 回行くパリは、どツボなお店がたくさん！

の中でお客様やスタッフが毎日歩くところは塗装がはがれて白い道ができ、真っ白だった壁は白↓ピンク↓グレー↓現在のウィリアム・モリスの壁紙へと変わりました。白い壁をピンクにした時は、スタッフにも秘密にして大晦日に一人でこっそりペンキ塗りをしたから、元旦からみんなびっくりでしたね。普段、地味を好むわたしがピンクを選ぶなんて。

現在のウィリアム・モリスの壁紙も、実はずっと前から使うことを企んでいました。年に1、2度行くパリに、同じ壁紙を素敵に使っているカフェがあります。

『La Chambre aux oiseaux（ラ・シャンブル・オ・ゾワゾー）』。モリスの壁紙が見たくて、パリに行ったら必ず足を運ぶお気に入りのカフェ。だから、今は毎日がとても心地いいの。

インテリアは、ところどころわたしらしい遊び心を大切にしています。たとえば、ドライフラワーは花瓶には飾らない。あじさいやバラなら1本だけを逆さまに吊るしてみたり、かわいい部分だけをバラバラにしてみたり。パリの蚤の市で買ってきた小さなぬいぐるみたちは、大きな瓶の中にちょこんと入れて飾ったり（これホコリ予防にもなります）。

いつだったかお客様から「ハワイっぽいですね」と言われた時は、正直「えっどこが？」と思いましたが、きっとそれは流れていた音楽がハワイアンだったからでしょう。それでいいんです。〇〇風は苦手。真似は嫌だな、愛着が湧かないから。あと、スタイリッシュなインテリアもわたしらしくない。

わたしは、店に流れる音楽よりもおしゃれなインテリアよりも何よりも、店主であるわたしがいつも心身ともに元気で、仕事を楽しんでいることが、心地いい空間づくりの源だと思っています。

そして、わたしの店づくりになくてはならないのが〝旅〟。旅がわたしにいい刺激を与えてくれるから。旅から帰ると、ロッタのどこかがちょこっと変わるのです。

また旅に出たいなぁ！　刺激をもらいに。

マニュアルなんていらない、接客は“ハート”だ！

お客様の要望に「NO」は言わない

飲食店を経営する上で、美味しくて安全なものを提供するのは当たり前のこと。おしゃれなインテリアより、流行の音楽より、何よりもわたしが大切にしているのは“接客”です。そして、難しいのも接客、楽しいのも接客で、わたしもまだまだ研究中です。

わたしは「自分がお客の立場だったら」と考えるようにしています。訪れたお店の印象としていつまでも残るのは接客。たとえ料理が美味しかったとしても、接客に心がなかったらそれはとても寂しく残念で、次にまた訪れたいとは思わないでしょ。スタッフ同士の関係がうまくいっていないのが見えてしまっても、お客様はドキドキしちゃう。そこで働くわたしやスタッフたちが、生き生きと楽しそうに働いていることはとても大切なことで、見ていて心地よいはず。

ロッタに新しいスタッフが入った時、もちろん基本動作は教育しますが、ああしてこうしてと細かくは言わないで、「わたしの接客を見て覚えてね」と伝えます。マニュアルではなく「わたしを見て

ごちそうさまでした!
今日も最高な
時間を過ごせました

覚えて」なんて難しく感じるかもしれませんが、なぜなら接客はケースバイケースだからです。一つだけスタッフにお願いするのは、「お客様のご要望に〝NO〟と言わないで」。なぜなら、お客様のご要望はたいてい聞いて差し上げられるからです。

何をされたら嬉しくて何が嫌かを考えるだけ

　例えば、こんなことが何度もありました。マダムお二人連れ、「他のお店で食事は済ませていてお腹がいっぱいだから、ケーキを半分ずつ食べたい」と言われました。ただケーキを半分にカットしてお出しするだけでなく、手間は倍になるけれど別々のお皿に盛って、生クリームもそれぞれに添えて差し上げたら「わぁーありがとうございます」と、とても喜んでいただけました。

　または、ある女性のお二人連れ。紅茶をポットでお一人様分ご注文なさり、「カップは2客お願いします」と言われても（えーっ！とは思いますが）決してNOとは言いません。

　他にも、ベビーカーに赤ちゃんをのせたお客様がいらしたら、扉を開けるだけではなく、赤ちゃんが振動で起きてしまわぬよう、しゃがんで前輪を持ち上げて差し上げる。カップルさんがお会計の時にも、ちょっとした気遣いが。男性がお支払いになられても、後ろにいらっしゃる女性のお客様にも目を合わせて「ありがとうございました」とお礼を伝えます。

　ロッタでは4年前から年中、お冷やのかわりに白湯をお出ししています。温度管理に手間はかかりますが、夏でも冷たいものを避けたい女性のお客様にとても喜んでいただけます。

　そうした、ちょっとしたことが

とても喜ばれ、次の来店につながるのです。とても簡単なことで、「わたしだったら何をしてもらったら嬉しくて、何をされたら嫌な思いをするのか」を考えればいいのです。

回転率を上げるより
ゆっくりしてもらうことが大事

　店内にいるお客様には、ゆっくりと過ごしていただきたいと思っています。本なんて開いてくれたら、とても嬉しくなります。そのため、ロッタはお店の前に席待ちの方を並ばせないシステムをとっています。外で並んでいらっしゃると店内のお客様が「早く出てあげよう」と気を使ってしまうからです。

　ご来店の際にお手元を見て、ケーキなどの冷蔵品をお持ちでしたら（ロッタの真ん前には美味しいケーキ屋さんがあるから）お帰りになるまでお預かりします。そうすることによって、お客様は時間を気にせずゆっくりと過ごせることでしょう。店の回転率をよくして売り上げを伸ばそうなんて、これっぽっちも考えていません。食べ終わった食器をどんどん下げるようなこともしません。「食べ終わったら早く帰って」と言われているような気がして。これはわたしの経験で、嫌だと思ったからです。

まぁ、経営者としてはダメダメかもしれませんが……。

お帰りになられる際に「すべてがあたたかいお店ですね」「ゆっくりできました」「また来ます」とやさしいお言葉をお客様からいただきます。お手紙をテーブルに残してくださったり、お会計のタイミングを待ってくださったり。店を一人でやっているとお客様からたくさん助けられます。

接客サービスで大切なのは、お客様が居心地いいように気を配ることと、お客様との距離感。マニュアルなんていらない。ハート♡、自己流でいいのだ!

うん、何度でも言うよ。

お客様は神様です。

No.5

最強のスタッフたちに恵まれて、ロッタはここまで育った

わたしの〝両腕〟となり頑張ってくれたスタッフたち

現在はわたし一人でロッタを営業していますが、以前はアルバイトを雇っていました。当時、学生だったスタッフは就職し、独身だったスタッフは結婚して立派な母となり、東京から離れて自身のお店を持ったスタッフもいれば、海外で家族と暮らすスタッフもいたり。長い年月の間に採用したスタッフは数十人。その縁はロッタを卒業しても途切れることなく、年に数回は集まったり連絡を取り合ったりしています。「かおりさん、今何していらっしゃいますか？　お一人だったら一緒に飲みましょう」と連れ出してくれる人も。まるで親子のような関係を続けている元スタッフもいます。

どのスタッフが欠けても、今のロッタはないなと本当に思います。わたしの右腕……いや、両腕として、まるで自分の店のように真剣に仕事に取り組んでくれて、まだ子供が小さくて店に長く立てない時期も、安心して任せられました。いつも利用している近所のパン屋さんやスーパーのおばちゃんからも「あんないい子たち、どうやって見つけるの？」と、いつ

もうらやましがられていました。へへ。「スタッフがすぐ辞めてしまう」と悩んでいる経営者が多い中、ロッタのスタッフは就職だったりご主人の転勤だったり、妊娠までの転機まで、みな長く勤め上げてくれました。居心地がよかったのかな？ だとしたら、すっごく嬉しい。職場が居心地いいなんて最高じゃないですか！

「今日もがんばろうね！」

調理も接客も両方やってこそカフェの仕事は楽しい！

では、どうやってそんな最強のスタッフたちと出会えたのか？

ロッタはみんなアルバイト採用でした。お店にいらしたことのある方にお願いしたかったので、募集は店頭で告知。面接官はわたし。重視した点は、清潔感と雰囲気と志望理由。必ず聞いていたことは、「おうちで料理はしますか？」「人は好きですか？」の2点。「料理は好きだけど接客は苦手だからキッチンを希望します」とか「料理は苦手だけど接客は好きだからホールを希望します」ではダメなんです。なぜなら、ロッタではキッチンもホールもすべてやってもらうからです。何なら売り上げの管理も発注も。飲食の仕事ってつくるだけでもつまらない、ホールだけでもつまらない。つくってお客様に届けてお客様の表情を見て、「美味しい」という声が聞けてこそ、やりがいがある（=楽しい）からです。だからみんな楽しくて長く勤めてくれたのかな?と思ったりして。

　長く勤めてもらうコツってわからないけれど、わたしが心がけていたことは「まずわたしが楽しそうに仕事をしていないと、下はついてこない。もっと大きなことを言えば、生き様（歳のとり方）もわたしがいい見本にならないと……」と。

　あとはとにかく褒める！　雰囲気が悪くなるから怒らない！　それから、毎月のお給料袋の中に、一人ひとり手書きの小さなお手紙を入れていました。「〇〇ちゃんのいいところは……」とか一、二行の。あと、ひいきをしないということも大切。

10年で閉店するはずが
スタッフに懇願されて続投

　ロッタは10年継続を目標にやっていました。その10年目が目前にきた時のこと、わたしがやりきった感に満たされていて、この絶好調の時に店を閉めようと決めていました。その決心を当時のスタッフに伝えると「わたしたちがもっとかおりさんを支えて頑張るから、ロッタを閉めないで」「わたしたちの帰って来る場所がなくなってしまう」と号泣されちゃって。サプライズで、今まで働いてくれたスタッフを集めてロッタの歴史の映像を流し、10周年の会を開いてくれて……頭が痛くなるほど泣かされました。で、11年目に突入してしまったんです。この頃かな、わたしが引っ張ってきたスタッフたちが、わたしをぐんぐんと引っ張ってくれるようになったのは。頼もしくなったのは。

もちろん、その間にはスタッフのことで胸を痛めた時も多々ありました。スタッフ同士の相性が悪くてぶつかったり、お店が忙しすぎてイライラとさせてしまったり。これはわたしの経営者としてのまとめる力のなさが原因です。30代半ばで始めた店も、50代となり自分の体力管理に精一杯で、力不足を感じてきたのは確かです。これも、現在一人営業にした大きな理由の一つ。経営者はスタッフの生活を守らなくてはならないのです。

でもね、今こうやって原稿を書きながら思い出す場面は、楽しいことばかり。一緒に旅をしたり、パリのイベントに参加したり。ロッタをつくって本当によかった、みんなと出会えたからね。あの面接でわたしの前にポン！と現れてくれたこと、感謝しかない。

長い時間を一緒に過ごしてきたスタッフは、もはやわたしにとって大切な子供たちだ！

ありがとうね。ママのところに来てくれて。

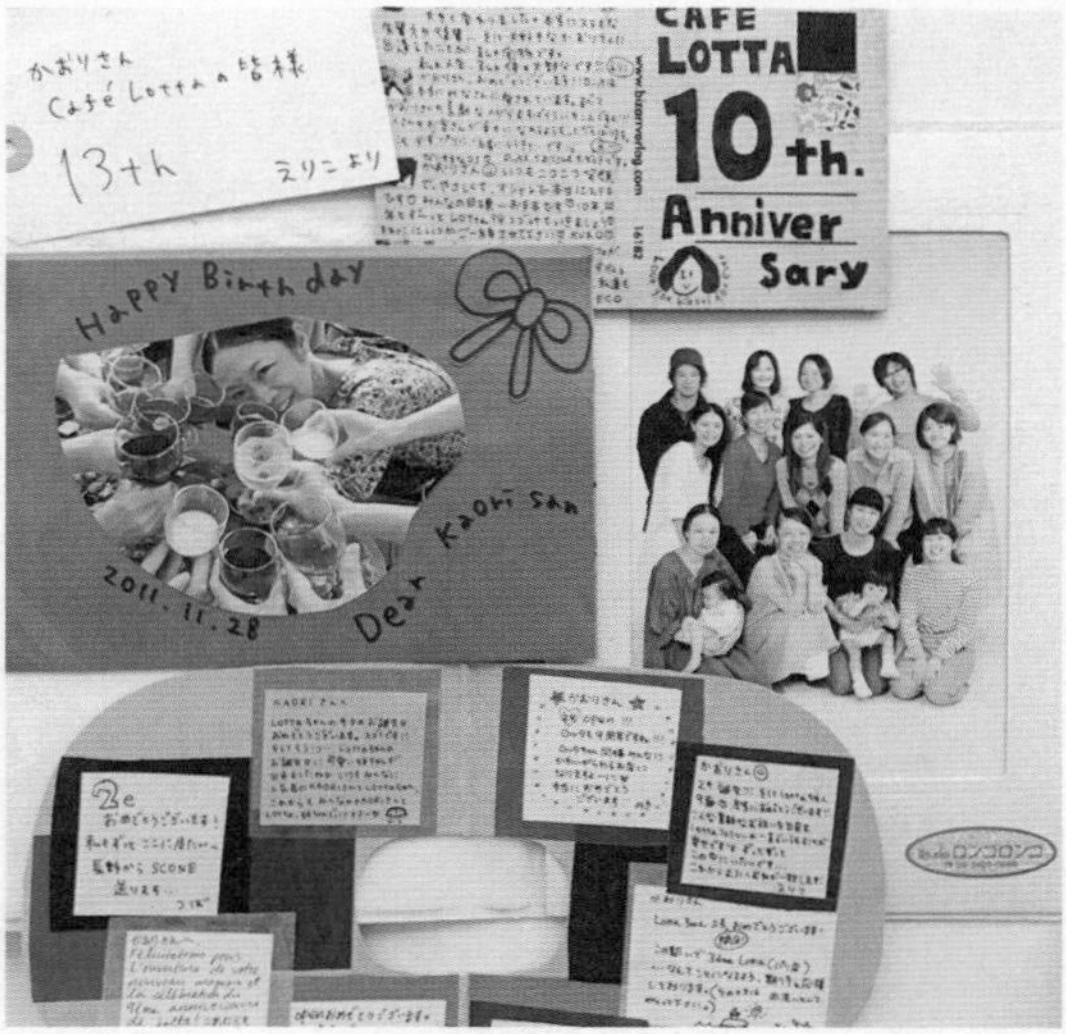

スタッフから毎年もらった手づくりのバースデーカードは
わたしの宝物。棺桶に入れてもらうんだー

№6

マダムもおじいちゃんも外国人も、みんな大事なお客様

店を開けてみたら客層が幅広くて驚いた！

わたしが高校を卒業して最初に入った職場は、損害保険会社でした。業務課に配属されましたが、根っからの愛想のよさからか（？）、2年目からは営業課へ。退職後は、東京・代官山のクリスマス商品の専門店とテディベアの専門店で約10年間、店長を務めるわけですが、ここで〝お客様の大切さ〟〝接客業の楽しさ、難しさ〟をびっちり学んだ気がします（独学）。

店の取材を受ける際、よく「客層は？」「お客のターゲットは？」と質問されます。わたしは毎回「絞っていませんよ」と答えます。ターゲットって店をつくる時から絞り込むものなのかなぁ？

20年前、店を出す場所としてなぜ住宅地にある小さなさびれた商店街を選んだのか。それは、毎日同じお客様がいらして（常連さん）「こんにちは！」とあいさつして、そのお客様のためにコーヒーを淹れて、他愛のないおしゃべりをしてという街の喫茶店をやりたかったから。

しかし、実際にオープンすると、わたしの思い描いていたものとはちょっと違っていました。い

い意味でね。遠方からはるばる電車を乗り継いでご来店くださる方、海外からのお客様、毎日瓶ビールを1本飲んでサッと帰られる粋なおじいちゃん、井戸端会議のマダムたち、そして毎日来てくださる常連様と、客層は老若男女とても幅広くてちょっと驚きました。カフェとしては珍しいかもしれませんね。

ターゲットは絞らず どの人も居心地のよい店に

長く店をやっていると、「お客様にとってロッタは思い出の店になっているのかな」と感じることがあります。何組ものカップルがロッタのテーブルで婚姻届を書き（これはたぶん区役所が近くにあるから？）、学生時代に友人といつも来ていた青春の思い出の店だったり（これも大学が近くにあるから？）。店の使われ方も様々で、お一人で来店してケーキセットを召し上がりながら本を開く方、恋人や家族とおしゃべり目的など。ロッタにはその人その人のいろんなストーリーがあるようで、そんな話をお客様からうかがうと「こりゃ簡単には店を閉められんぞ」と気持ちがピンとなり、

お客様からいただいたお手紙は
すべて大切に宝物入れにしまっています

スタート地点の熱い想いに戻ります。こんな小さな店がお客様の人生の一部になっているとしたら、長く続けることも責任だなぁと……。

わたしはお客のターゲットってこちらが絞るものではないと思っています。どなたも居心地よく過ごせる場所でありたいと思います。

わたし自身が客側としてお店を選ぶ時、ケーキが美味しかったりコーヒーの味が好みだったりは当然ですが、繰り返し同じ店に足を運ぶ理由は〝居心地のよさ〟、そして〝人〟。居心地が悪かったら、もう二度とその店には足を運ばないでしょ？　店のオーナーの感じが悪かったり真面目に仕事をしていなかったりしたら、「二度と来るもんか」と思うでしょ！　不衛生はもってのほかです。

お客様からいただく手紙は わたしの宝物

ロッタではお客様からよくお手紙をいただきます。お会計の時に「コーヒーをいただきながら書きました」とそっと渡されたり、郵便で届いたり、お客様を見送った後に食器を下げにいくと、テーブルの上に置いてあったり、ペーパーナプキンに「ロッタさんへ・・・」と書いてくださっていたりと、お手紙の渡され方は様々。

もちろん、いただいたすべてのお手紙は今でも大切にとってあります。宝物ですよこれは。同業の友人たちにこの話をすると、「そんな経験ないわよ」とすごく驚かれますね。そう、手紙ってよほど「伝えたい」という気持ちが湧かないと、わざわざ書いたりしないですよね。言葉で伝えれば済むのだから。

わたしのお客様への丁寧な気持

ちがちゃんと伝わっているんだな、だからお客様も丁寧に伝えてくださるのかな、といい風に解釈して、毎回、感激しています。

逆にお客様からお叱りを受けたこともあります。欠けた器にスタッフが気づかず料理を盛ってしまい、わたしもまたそれに気づかずお客様にお出ししてしまいました。「店の責任者は誰だ！」と怒鳴られ、まわりのお客様にも大変不愉快な思いをさせてしまいました。かなり落ち込みましたが、やはり伝えてくださったことに感謝です。

ロッタで過ごされる時間が、お客様にとってその日一日の中でホッとできる時間であってほしい。悪かったことも切り替えるスイッチとして過ごしてほしい。できればお年を召した方にも、お若い方にも、女性も男性も、小さなお子様を連れたお母様にも、海外からの方も、すべての方にのんびりとしていただきたい。

お客様の貴重なお時間のために、わたしは毎日元気に店に立っています。やっぱり店側がターゲットを絞るなんてとんでもない。

そう、お客様なしで店は成り立たないのだから！

No.7

「何事も楽しむ」をモットーに、カフェと育児を両立させた

わたしばかりお迎えに……不満だらけの保育園時代

「小さなお子さんがお二人もいらして（当時）、よくお店をやってこられましたね」「夫婦でカフェを開くのが夢なんですが、まだ子供が小さくて不安」と相談されることがたびたびあります。きっと「大丈夫よ！」とわたしに背中を押してほしいのだろうと思います。

まぁ結論から申し上げますと、子供はずっと小さいわけではありませんから、子供がいてもどうにかなります。お店はやれます。が、大変な時期はもちろんありました。現実から逃げたくなることもしょっちゅう。

わが家は夫婦で別々にお店（いずれもカフェです）を経営しています。経営者としては同じ立場なはずなのに、保育園から「〇〇くんが熱があるのでお迎えに来てください」と魔の連絡がくると、夫は「仕事中だから店を抜けるのは無理。よろしく」と当然のように言う。もう**ムカッ！**ですよ。

わたしだってバタバタのランチタイム中。なのにスタッフに事情を説明して店を抜けて保育園に走るのはいつもわたし。それから病

若い男（次男）に隙ありゃ触る

院に連れて行って、この日から数日間は仕事を休んで看病しなければならない。兄弟で病気が移ってしまったら、もう最悪。

子供たちが大きくなって保育園お迎え問題は解消し、「やれやれこれでわたしも仕事に集中できる」と思ったのも束の間、今度は小学校のＰＴＡ活動やら野球の練習のお当番さんやら、試合の引率、夏は合宿のお世話……。こういった行事は、稼ぎ時の週末に集中します。

なぜ母親ばかりが仕事を休まなければならないのか？　それがいつも夫婦喧嘩の原因となっていましたね。それで、わたしが集中して働けない分スタッフを多めに雇えば、夫からは「人件費をかけすぎているんじゃないか！」と言われる。はぁ……（応援するつもりがこんなドロドロした話でごめんなさいね）。わたしはいつ抜けてもお店が回るようスタッフを育てていましたが、夫はオーナー兼シェフなので、抜けてしまうと店が回らなくなるから仕方ないんですけどね。ここが夫とわたしの大きな違いです。

イライラするより何事も楽しんだ方が得！

子供たちとのベッタリ時期はすぎてしまえばあっという間……

でもね、ある時ふと気づいたんです。

「大変、大変」と文句ばかり言っていた野球のお当番や引率。実はわたしは子供たちからたくさんの元気をもらっていました。学校行事ではたくさんの感動をもらいました。長いお付き合いになるママ友も、この時期にたくさんできました。こんなすばらしい感動を味わっていない夫のことを、逆に気の毒に思えたんです。

店は忙しい、クタクタで帰宅すれば座って休む間もなく家事に追われる。週末は子供たちのことで振り回される。何度も心折れそうになったけれど、文句を言ったって夫も誰も助けてはくれない。ならば楽しんだ方が得。そう、わたしのモットーである「何事もどうせやるなら楽しもう」スイッチがONになりました。PTAもできる限り自ら手を挙げてやってきました。子供とじっくり関わったこの時間は、すぎてしまえば充実したとても楽しい時間だったなと今は思います。わたし自身も成長できました。

要は頑張りすぎないことです。家事もうまく手抜きができるようになれたら上等。働く母は完璧じゃなくていいのです。（持論）

愛犬つぶは家族の精神安定剤

疲れた日は外食もあり、それすらできなければ買い弁だってあり。仕事と家のことでイライラして夫と子供たちに文句を言うより、うまくガス抜きして楽しそうにしている姿を子供には見せたいですよね（当時のわたしのガス抜き方法はママ友との缶ビールだったかな?）。

そのせいでしょうか、大人になった長男が親と同じ仕事を始めました。楽しく仕事をしているように彼には見えたのかな? いい影響を与えられたのかな? とちょっぴり嬉しくもあります。

時には自分にご褒美を!
そして頑張りすぎないで

ロッタは長男が4歳、次男がまだ8ヵ月（授乳中）の時に始めました。育児とカフェ経営の両立は決して楽ではなかったけれど、大変でアワアワしていたのは、20年間の中でまだ子供が小さかった頃の一時。コツを掴んでその時期さえどうにかこうにか乗り越えることができたら、そんな大変だった時期を懐かしく愛おしく想う時がきっと訪れるでしょう。

時には自分にご褒美を与えながら、素敵なお店でお茶を飲んだりちょっと豪華なランチを一人でこっそり食べたりして（もし一人旅ができたら最高ね）、一緒に頑張りましょう!

くれぐれもパンパンに頑張りすぎないでね。家事は完璧じゃなくて8割で。いや7割かな。

あれ？いつの間にか見上げるほど大きくなってた

№8

オンとオフで切り替える、わたし流の身だしなみ

カフェの仕事着は清潔感と動きやすさが大事

わたしは洋服や靴を仕事用とプライベート用に完全に分けています。それを言い訳に服をたくさん買うので、持っている服の量は半端ないです。もう夫も何も言わない。

まずはわたし的仕事着のルールから。

汚れることを気にしていては、飲食業は仕事になりません。必然的にジャブジャブ洗えてすぐ乾くものを選んで着ています。汚れが目立たないものではなく〝洗えるもの〟。

エプロンも同様です。スタッフがいた時には、仕事でパリに行くたびに、セレクトショップ『Merci』でリネンのエプロンを買ってきて支給していました。リネンのエプロンの利点は、夜洗うと朝にはパリッと乾いているところ。スタッフのエプロンの汚れにはちょっとうるさかったかもしれません。スタッフが一日使ったエプロンを置きっぱなしにして帰ってしまったら……それを見つけちゃったら、もう気になって気になってしかたがない。こっそり家へ持って帰っ

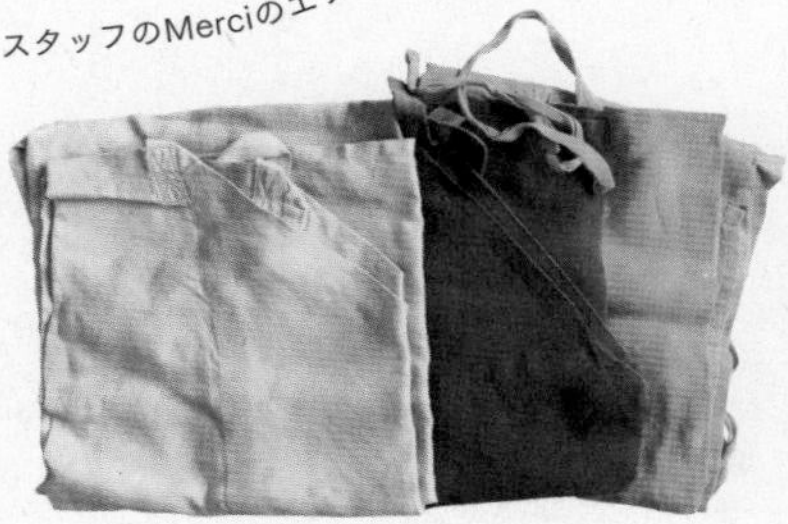
スタッフのMerciのエプロン

て、夜洗ってそっと戻していましたね。きっと口頭で注意されるよりドキッとしたことでしょう。

ノースリーブも店では着ません。同性のお客様を不快にさせるような服装もペケ。これは接客業としてとても大切なこと。

あと、どんなに寒い季節でもウール素材は着ません。食べ物に毛糸が入ってしまうから。しゃがんだり立ったりとにかく動き回るので、靴は基本ぺちゃんこ。でも、ゴム草履（ビーチサンダル）ははきません。あのピタピタという音が気になるのと、きちっと感に欠けるし第一危険。刃物も扱うし、熱湯を持って歩くし。

マニキュアなんてもってのほか。髪の毛もスタッフにはむすんでもらっていました。スタッフに求めていたのは、第一に清潔感。その次に動きやすさでした。

一人営業になった今は かわいさを重視した服も

一人営業になってからは、マイルールがちょこっとゆるくなりました。例えば、2階席があった時にはすそを踏んで危険なので避けていたロングスカートも、現在は1階のみで営業しているので、時々しゃなりとはいてみたり。フードメニューがなくなりフライパンを振らなくなったので、ふわっとした袖のワンピースを着てみたり。動きやすさよりかわいさの日もあったり。一番変わったのが、エプロンを服の一部として楽しむようになったことかな？　それまでは汚れが目立つからと避けていた真っ白のエプロンもするようになりました。真っ白のエプロンって気分がピッとして、ほんと気持ちいい。

先日、ご夫婦で営む一軒家のビストロにお邪魔した時のこと。わたしと年の近いマダムが古着の小花柄のロングワンピースをふわっと着てサービスなさっていたんです。それがなんだかとても粋で。いつかまたパリに行ける時がきたら、そんなワンピースを探して真似しちゃおうと企んでいます。わたしももうすぐアラシス（アラウンドシックスティ）になるから、そろそろ許されるかな？とね。

プライベートでおしゃれを楽しむことが働く意欲に！

では、プライベートの身だしなみは？

仕事の日に抑えていることが大爆発です（笑）。まず休日の朝は、マニキュアを塗ることからスタートします。これはわたしのオンとオフのスイッチなの。そして、ヒールのある靴でコツコツと歩きます。お洋服は大好きだから、行き先、出かける時間、会う人によって選んで楽しみます。仕上げは、仕事の時に付けられない香りをシュッ！としてね。プライベートでも気を付けていることは、やはり清潔感ときちっと感。

年齢を重ねると、身の丈に合うものを身に付けることも大切だと思っています。くたびれたおばちゃんに見られるのは嫌だもの。

休日のネイル

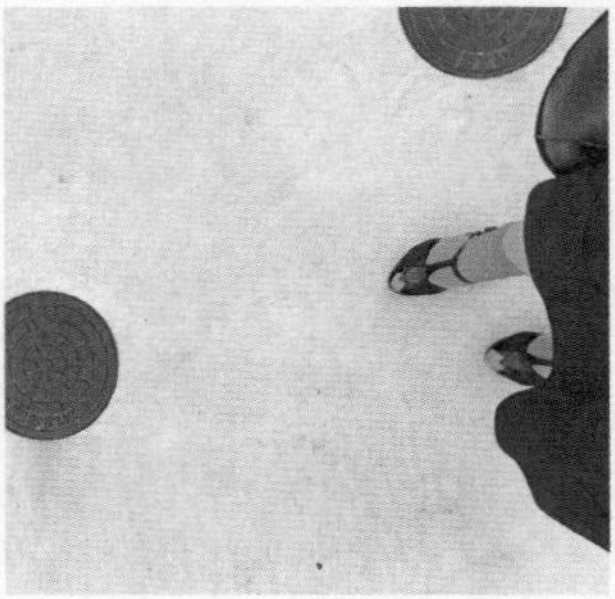

Tストラップ・ワンストラップにめっぽう弱い

diptyqueのPHILOSYKOSを愛用。
浮気しても戻っちゃう

「どこの？」とよく聞かれるサングラス。
たしか3000円……

そして、最近プラスしているものが、小物選びに〝遊び心〟。機能性よりも遊び心。あぁ楽しい。こんな調子だから、服やバッグは増える一方でして……。

そういえば、おしゃれな母が昔、こんな都合のいいことを言っていたっけ。

「欲しいものがなくなったらおしまいよ。あれが欲しい、これが着たいとワクワクしている時が花！」と。ちなみに母は今年82歳。

「お母さん、わたしまだワクワクが衰えていませんよー！」

欲しいもの、行きたいところ、食べたいもの＝働く意欲です。

No.9

ロッタの接客の原点となった「前職」の話

クリスマスイブがテーマの大人気雑貨店で奮闘！

前にちらっと書いた、わたしの前職。鎌倉の女子高を卒業したわたしは、大手損害保険会社に就職しました。３年勤めてお金もたっぷりと貯まった頃、「あれ？わたしアルバイトというものを経験していないな」と。その思いがどんどん募り、もったいないと反対する親を説得して退職。

雑貨の販売員をしてみたくて、当時は知らない人がいないくらい有名だった、東京・代官山の『クリスマスカンパニー』に図々しく電話をしました。「どうせ働くなら大人気のお店で！」と思ったのでした。

そしたら大変！「３６４日クリスマス・イヴ」をコンセプトにしたこの店は、わたしの想像をはるかに上回る忙しさだったのです。毎朝、山のように納品があり、そのダンボールの山を寒い店の外で開けないといけない。開店時間までに商品の値付けをして片付ける。手はボロボロ、あかぎれで血だらけ。掃除も徹底していて、やっと終わると店の外は開店を待つお客様の大行列。順番にお客様を店内にご案内するわけですが、そこ

ぶちゃいく好き

1〜3cmの小さなテディベアを集めていました。

くしゃみ厳禁！

から閉店時間まではまるで嵐のよう。そして、閉店後はごちゃごちゃになった店内を整理して、商品の品出しをして、それが終わったら鎌倉の自宅まで満員電車に乗って2時間かけて帰る日々。

でも、なんか楽しかったなぁ。転職したことに一切後悔はありませんでした。これぞ天職！と思っていました。お給料はOLの頃より半分に減ったけどね。

一人ひとりのお客様に
丁寧に接することを学んだ

クリスマスまであと3ヵ月とい

へそくりを隠せるんだよ！

ぼく、ただのテディベアじゃないよ！

う時（アルバイトを始めて半年）に、期間限定ショップ『クリスマスカンパニーマーケットプレイス』の店長を任せたいというお話をいただきました。会社の期待に応えようと、若いスタッフたちを引っぱり、体育館のように広い店内を毎日走り回りました。20代前半のこの経験は貴重でしたね。

クリスマスが終わり、系列のテディベア専門店『CUDDLY BROWN』（現在は閉店）へ異動。後々店長となり、夫と結婚して辞めるまでの約10年間、たくさんのクマたちと過ごしました。時にはN.Y.やイギリスなどに、テディベアの買い付けに行くことも。ここでも多くの経験をさせていただき、〝丁寧な接客の原点〟を学びました。

カドリーブラウンのテディベアは海外アーティストの作品がほとんどで、1体3～5万円します。タグには「NOT FOR CHILDREN」と書かれていて、子供が遊ぶぬいぐるみではありませんでした。お客様のほとんどが熱烈なコレクターで、お一人のお客様に何時間もかけて接客し、大切にお包みしてお渡しし、最後はお見送りする。お客様はどんなことを喜び、どんなことをされたら嫌がるのか、常に考えていました。「お一人お一人のお客様に丁寧に」。今のロッタの接客の原点となっています。

ドイツ製のグラスオーナメントは毎年一つずつ集めました

とにかく当時のボスの指示が細かくて。まずは開店前に隅々までの掃除、テディベアの手入れ（毛並みと首に巻いたリボンを整える）、POP（プライスカード）の字体を揃える（いろんなスタッフがバラバラと書くとお客様は見づらい）、そしてお客様との距離感（どのお客様にも平等に）、話し方などなど。

この時の経験は、今の仕事にも通ずるものがあります。ロッタがまだスタッフを雇っていた時、全体のメニューはパソコンでつくっていましたが、ケーキは日替わりのためメニューは毎日手書き。お客様が見やすいようにという理由から、同じスタッフに書いてもらっていました。きっと手間に感じていたことでしょうね。でも、それはとっても大切な「ひと手間」。一人営業に形態を変えてからは、全体のメニューもわたしの手書きにしました。それも丸文字。でも、店主のキャラとしていいのかな?と。

ハートがあって楽しい!
だから接客業は辞められない

料理やドリンクのサービスの仕方も、一般的にはお客様の右側からと言われているけれど、これもロッタはケースバイケース。テーブルの上に広げていらっしゃるものがお客様によって違うから。読みかけの本だったり携帯電話だったり、お連れ様の位置だったり、そのご関係だったり。

お客様のことを第一に考えての接客、お客様の大切さ、接客業の楽しさ、そして難しさは、20代の代官山でのアルバイト時代に学んだ気がします。何十年経った今でも、毎日思い出します。

嬉しいことに、ロッタを卒業した元スタッフたちが、今いろんな分野で活躍しています。わたしが伝えた想いが少しでも役立っているといいな。35年ほど接客業をしていますが、やっぱり接客業ってハートがあって**最高に楽しい!**人を食でしあわせにする飲食業って、最高にやりがいがある。だからわたしはこの仕事が辞められないんだろうな、きっとこの先も。

No.10

年末年始の営業は、しょっぱくていい思い出

近くに神社があるのに営業しない手はない！

スタッフを雇っていた頃、ロッタでは大晦日も元日も休まず店を営業していました。小さな個人カフェにしては、ちょっと珍しいかもしれませんね。

ロッタから徒歩5分の場所には松陰神社があります。開業当時、ロッタのある商店街にはフランチャイズの広い喫茶店が1軒ありましたが、年末年始は当然のごとくガッツリお休み。せっかく神社が近くにあって、東急世田谷線も大晦日は参拝客のために夜通し運行するというのにもったいない。小さな神社だけど、初詣は多くの人々が寒い中並ぶのは知っていた。人通りは確実だ。なのになぜ店を閉めるの？「ならばうちが！」と、年末年始は営業することにしたのです。

問題は、誰もが家族とのんびり過ごしたいお正月に、どうスタッフを確保するのか？ですよね。わたし一人ではとうてい無理ですから。その方法はなんと「わたしできます！」という挙手制です。結婚して家庭のあるスタッフには、彼女たちが手伝えなくて申し訳ない気持ちにならぬよう、わたしか

ら「ゆっくりと家族で過ごしてね」と先に伝えました。独身で帰省を少しずらせるスタッフが毎年誰かしら気持ちよく手を挙げてくれ、一緒に頑張ってくれました。

〝頑張ってくれた〟という表現が正しくて、正月三が日の忙しさは想像以上、売り上げは今だから言えますが相当なものでした。なにせ、お正月に営業している店はうちだけでしたから一店集中、独り勝ちです。

スタッフと年越しそばを食べ午前0時にオープン

メニューはスーパーが営業していないので臨機応変に減らして、無理なくつくれるものを。営業時間は毎年いろいろ変えてみましたが、こんな感じがベストだったかな。

まず、大晦日は18時で閉店。わたしとスタッフはいったん「よいお年を」とあいさつして帰宅します。やっぱり新年を迎える前に身を清めたいじゃないですか（笑）。そして、紅白歌合戦が山場を迎える23時に再出勤する。一人は湯を沸かして年越しそばを茹でる準備を、そしてもう一人は薬味のねぎを刻む。わたしは店を整える。質素だけどみんなで（わたしを入れて3名）年越しそばをいただき、除夜の鐘が鳴る中、店の扉を開ける。そして、スタッフとみんなで「明けましておめでとうございます」とお客様をお迎えするのです。

そして、客足が途絶える朝方に再びいったん帰宅。2〜3時間仮眠をとって元日の12時から18時まで営業しました。これを三が日繰り返すのです。この3日間は寝不足になっちゃうけど、「ロッタさんがやっていてくれてよかった」とお客様から大変喜ばれ、また続けていくうちに「新年はロッタさんで」というお正月**だけ**の（笑）

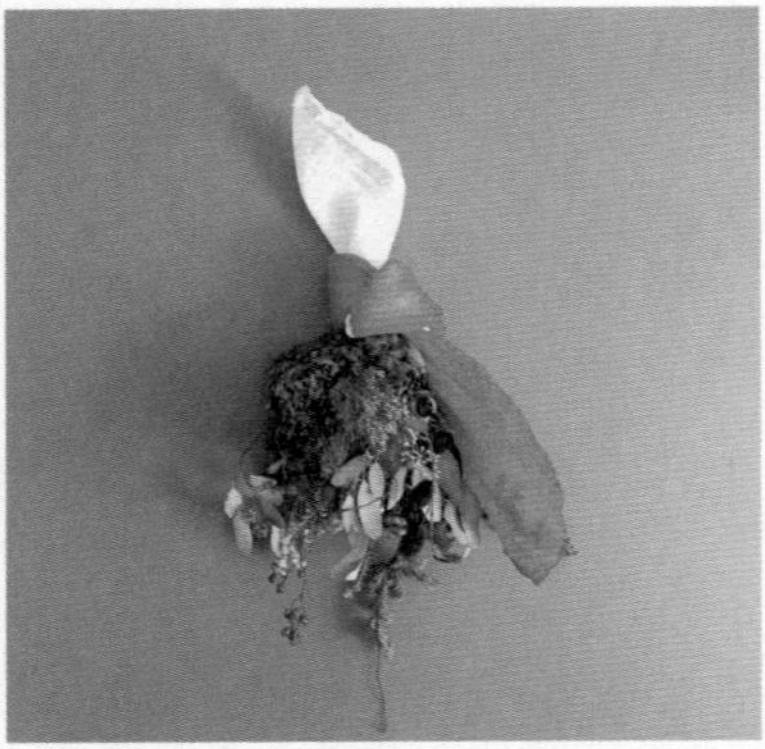

お店のお正月のお飾り 2016

常連さんもできました。そんな一言が嬉しくて、寝不足の疲れもぶっ飛びました。

年末年始の営業が長く続けられたのは、わたしの気持ちを理解してくれる働き者のスタッフに恵まれていたからこそ。今となってはいい思い出。当時のスタッフが集まれば、この時の苦労話がしょっぱいいい酒のつまみ。

では、何をきっかけに年末年始の営業を辞めたのか？

それは、松陰神社通り商店街に飲食店が増え、みな年末年始の営業を始めたからです。お客様の取り合い状態になっている……と感じましたから。

でも、あれ？　なぜかみなさん年末年始に営業するのですが、1月4日からガバッと休むパターン。「ならばロッタはその逆を」と、大晦日とお正月は休み、1月4日からは通常営業を始めたんです。これがまた、仕事始めのお客様から大変喜ばれました。

まわりのサポートがあって年末年始に営業できた

小さな店は他店さんと同じことをやってもダメ。小さな店のいい点は、機転がきくところではないでしょうか。いろいろやってみればいいと思います。店のあるその場所その場所で、お客様から求められていることが違いますから。

お正月に営業しても意味のない場所に店があるのなら、ゆっくり家族と過ごした方がよっぽどいいでしょう。ロッタが年末年始に営業したのは、近くにたまたま神社があったからです。そして、快く手伝ってくれるスタッフがいたからです。

ただ一つ……。子供たちがまだ小さかったのにお正月を一緒に過ごせず、他のお母さんのようにおせちもお雑煮もつくってあげられなくて（実はちょっとラッキーだった）、桜井家のお正月と言えば鏡餅を飾ることぐらいで、かわいそうなことをしたなと思っています。長男の嫁なのに、嫁らしいことも何一つしてきませんでした。当時どのように思っていたか、両親と息子たちには怖くて聞いたことがないけど。家族の理解と実家の両親のあたたかなサポートがあっての年末年始の営業でした。

こうやって思い返すと、わたしは志の高い働き者のスタッフに恵まれて助けられてきたんだなと改めて感じます。今、同業の人たちがスタッフの確保に頭を抱えているようです。よく相談も受けます。飲食業が人気なく長続きしないとか。なぜなんでしょう？　あぁなぜなんだろう。

人をしあわせにする素敵な職種なのになぁ……残念でならない。この仕事の魅力を語る仕事、わたしに来ないかな。ずっと語れる。

お店のお正月のお飾り 2017

Lotta

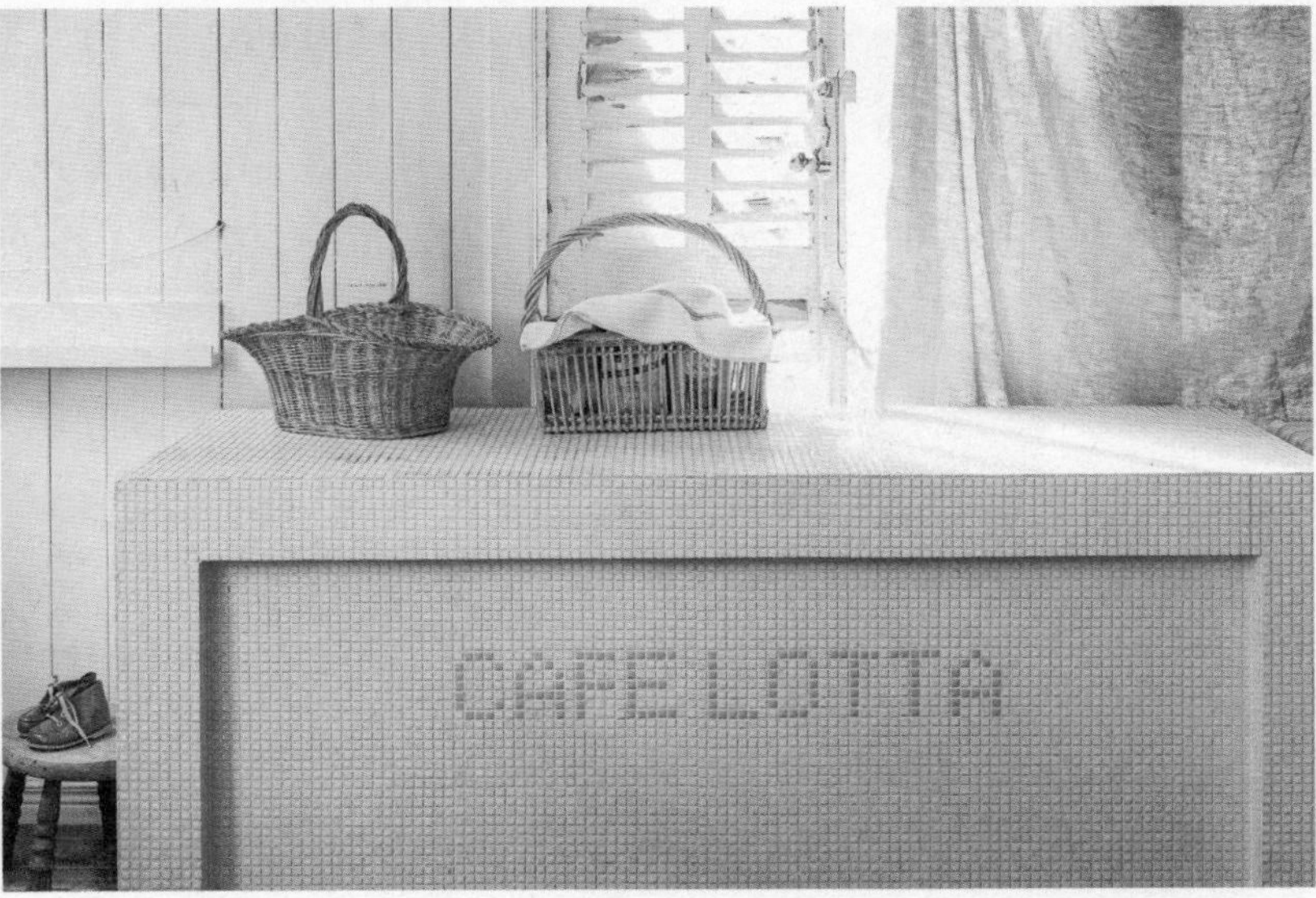
CAFE LOTTA

BREAD

ファイン
セルモ
TOKYO 2020

cafe
Lotto

DASK

LOTTA'S
RECIPE♡

カフェロッタの人気メニューレシピ 1

マロングラッセのティラミス

みんなが大好きなティラミス。コーヒーともワインとも合うので、パーティーメニューの一品にいかがでしょうか。とっても簡単なのに、マロングラッセをしのばせることによってグーンとリッチなデザートになります。

〈材料〉(6〜8人分)
エスプレッソ(ダブル)……………………………60ml
ブランデー……………………………………小さじ2弱
お好みのサブレ(日清シスコのココナッツサブレを使用)………………………………1パック(20枚)
※スポンジがあればなおgood！
マスカルポーネ……………………………………125g
卵黄………………………………………………3個分
生クリーム(乳脂肪分42%以上がおすすめ)…250ml
きび砂糖……………………………………………30g
マロングラッセ……………………………………適量
ココアパウダー……………………………………適量

〈つくり方〉
1. エスプレッソを抽出し、ブランデーを加えて混ぜる。
2. 容器(23cm×15cm)にサブレの半量を敷き詰め、1のエスプレッソ液の約半量を刷毛で塗る。浸す感じでたっぷりと。
3. 大きめのボウルにマスカルポーネと卵黄を入れ、泡立て器で白っぽくなるまですり混ぜる。
4. 別のボウルに生クリームときび砂糖を入れ、泡立て器でしっかりめにホイップする。
5. 3のボウルに4を入れ、ゴムべらで手早く完全に混ぜ合わせる。
6. 2の上に5をのせ、ゴムべらを使って均一に表面をならす。ここでいったん冷蔵庫に入れて冷やす。冷やし固めることで、この後にのせるマロングラッセが沈むのを防げる。
7. 表面が少し冷やし固まったらマロングラッセを均一に並べ、その上に残りのサブレを並べて、残りのエスプレッソ液を刷毛で塗る。
8. ラップをかけ、冷蔵庫で8時間〜一晩冷やし固める。
9. 食べる直前にココアパウダーを茶こしで振りかける。

memo
生クリームときび砂糖をなめらかにホイップすれば、柔らかめのティラミスが出来上がります。お好みで(わたしはしっかり固めが好きです)。

マロングラッセの量はお好みですが、ゴロゴロと入っていた方が美味しいですよね。マロングラッセは高級品なので、『割れ』『こわれ』で十分です。もちろんマロングラッセはなくても構いません。

カフェロッタの人気メニューレシピ2

自家製 ホットジンジャー

生姜の効果で、体の中からポカポカあたたまります。ジンジャーの素は冷蔵庫で保存がきくので、たくさんつくっておくと便利。ホットだけでなくアイスドリンクもつくれ、ロッタでも季節を問わず大人気です。

〈材料〉(1人分)
ジンジャーの素(★)…大さじ2
市販のライムジュース
(カクテル用)…………大さじ1
水……………………………170ml
ライム(くし切り)……1カット
フレッシュハーブ
(タイムなど)…………………1枚

〈つくり方〉
1. ジンジャーの素、ライムジュース、水を小鍋に入れて火にかけ、混ぜながらあたためる。
2. あたためたカップに注いでライムを浮かべ、ハーブを飾る。お好みでライムをキュッと絞る。

★ ジンジャーの素

〈材料〉(つくりやすい量)
国産の生姜(皮をむいたもの)…………240g
はちみつ……………………………………160g
グラニュー糖………………………………180g
キャラウェイシード…………………小さじ2
水……上記材料を鍋に入れてひたひたの量

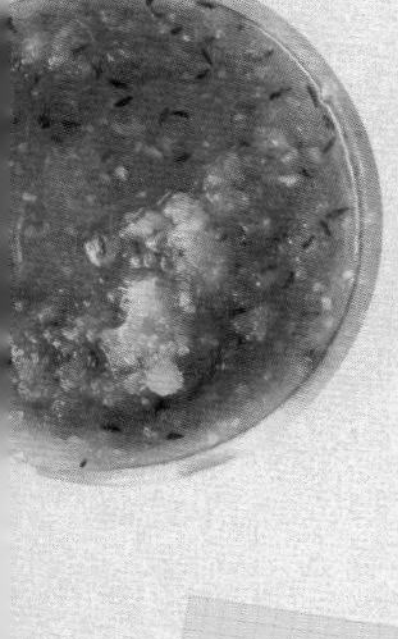

〈つくり方〉
1. 生姜は洗って皮をむき、フードプロセッサーで細かくする。
2. すべての材料を鍋に入れ、ごく弱火で1時間ほど煮る。冷めると固くなるので、あまりドロドロになるまで煮ないように。
3. 火を止めて冷まし、煮沸消毒した保存瓶に移す。冷蔵庫で1ヵ月ほど日持ちする。

生姜をフードプロセッサーにかける際、液体にはせず多少形が残っていても美味しい。

memo
ライムジュースはカクテル用がおすすめ。ロッタでは明治屋の『マイライム』を使用しています。

アイスでアレンジ

自家製 ジンジャーのシュワシュワ

〈材料〉(1人分)
ジンジャーの素(★)……………………大さじ2
市販のライムジュース(カクテル用)…大さじ1
炭酸水…………………味見しながらお好みで
ライム(くし切り)………………………1カット
フレッシュハーブ(タイムなど)…………1枚

〈つくり方〉
グラスにジンジャーの素とライムジュースを入れて混ぜ、炭酸水で満たし、ライムを浮かべてハーブを飾る。

カフェロッタの人気メニューレシピ3

ガトーショコラ

持ち運びがしやすく、わたしもホームパーティーによく持っていきます。コーヒーと相性がいいのはもちろん、ワインにもよく合うので是非チャレンジしてみてください。焼いている時の甘い香りからしあわせな気分になります♡

〈材料〉
（直径21cm丸型・底の抜ける型がおすすめ）
クーベルチュールチョコレート………200g
バター（食塩不使用）…………………150g
全卵………4個（卵黄と卵白に分けておく）
グラニュー糖…………………………100g
薄力粉…………………………………50g
ブランデー（お好みで）……………大さじ1

memo
溶けない粉糖をふっておしゃれをしてもいいし、ホールのまわりにフルーツを飾ってもかわいい。

〈つくり方〉
1. 型に紙を敷いておく。
2. チョコレートを刻んでボウルに入れ、バターも入れて湯煎にかけ、ゴムべらでゆっくり混ぜながらチョコレートを溶かす。
3. 別のボウルに卵黄とグラニュー糖の 1/3 量を入れ、泡立て器ですり混ぜる。
4. 3 に 2 を加え、ゴムべらでよく混ぜ合わせる。ブランデーを入れる場合はここで加える。
5. 4 に薄力粉をふるい入れ、さらに混ぜる。混ぜ方はゴムべらで下からさっくりと。ここで混ぜすぎないことがポイント。
6. オーブンをあたため始める（200℃）。
7. 別のボウルに卵白と残りの 2/3 量のグラニュー糖を入れて泡立て、メレンゲをつくる（ツノがお辞儀する感じまで）。
8. 5 に 7 を 3 回ほどに分けて加え、そのつど混ぜる。この時もせっかくのメレンゲの泡をつぶさぬよう、ゴムべらで下からさっくりと。
9. 8 を型に流し込み、200℃に余熱したオーブンでまず 10 分焼く。その後、扉を開けずに 170℃に下げ、さらに約 30 分焼く。オーブンによって温度や焼き時間は変わりますので調節してください。
10. 竹串を斜めにそっと差し込み、生地がつかなければ焼き上がり。5cmの高さからトンと落とすと、側面に段ができる（腰折れ）のを防げます。粗熱が取れたら型からはずします。

カフェロッタの人気メニューレシピ4

ぶた・なす・ぴー丼

わたしが子供の頃に母がよくつくってくれていたおかずをアレンジしました。食材が少ないのでつくりやすく、メニューとして提供していた当時は、ロッタでも1、2を争うぐらい人気者でしたよ。

〈材料〉(1人分)

豚バラ肉……………………60g
なす…………………………1本
ピーマン……………………1個
サラダ油……………………適量
ごま油………………………適量
ロッタ秘伝の味噌だれ★…30g
ご飯………………好きなだけ
刻みのり……………………適量

〈つくり方〉

1. 豚バラ肉は食べやすい大きさに切り、なすとピーマンは大きめの乱切りにする。
2. フライパンにサラダ油とごま油を1：1の割合で入れて熱し、豚バラ肉を炒める。
3. 豚バラ肉に火が通ったら、なす、ピーマンを順に入れて炒める。この時、なすの中までしっかりと火を通すこと。
4. なすに火がしっかり通ったら秘伝の味噌だれを入れ、よくからめて火を止める。
5. 炊きたてのご飯を丼に盛り、その上に刻みのりをかけ、熱々の4をのせる。お好みで七味唐辛子を振ってもいい。

★ ロッタ秘伝の味噌だれ

〈材料〉(作りやすい量)

味噌(粒ありの麹味噌が美味しいです)……………85g
砂糖…………………………60g
酒…………………………50ml
醤油………………………25ml
湯…………………………25ml

〈つくり方〉

すべての材料を混ぜる。

memo

秘伝の味噌だれは冷蔵庫で数日ほど保存できます。肉や魚などいろんな素材に合うので、アレンジも可能。例えば、豚肉を煮干し(頭を取って)に替えれば、おつまみにもなります。

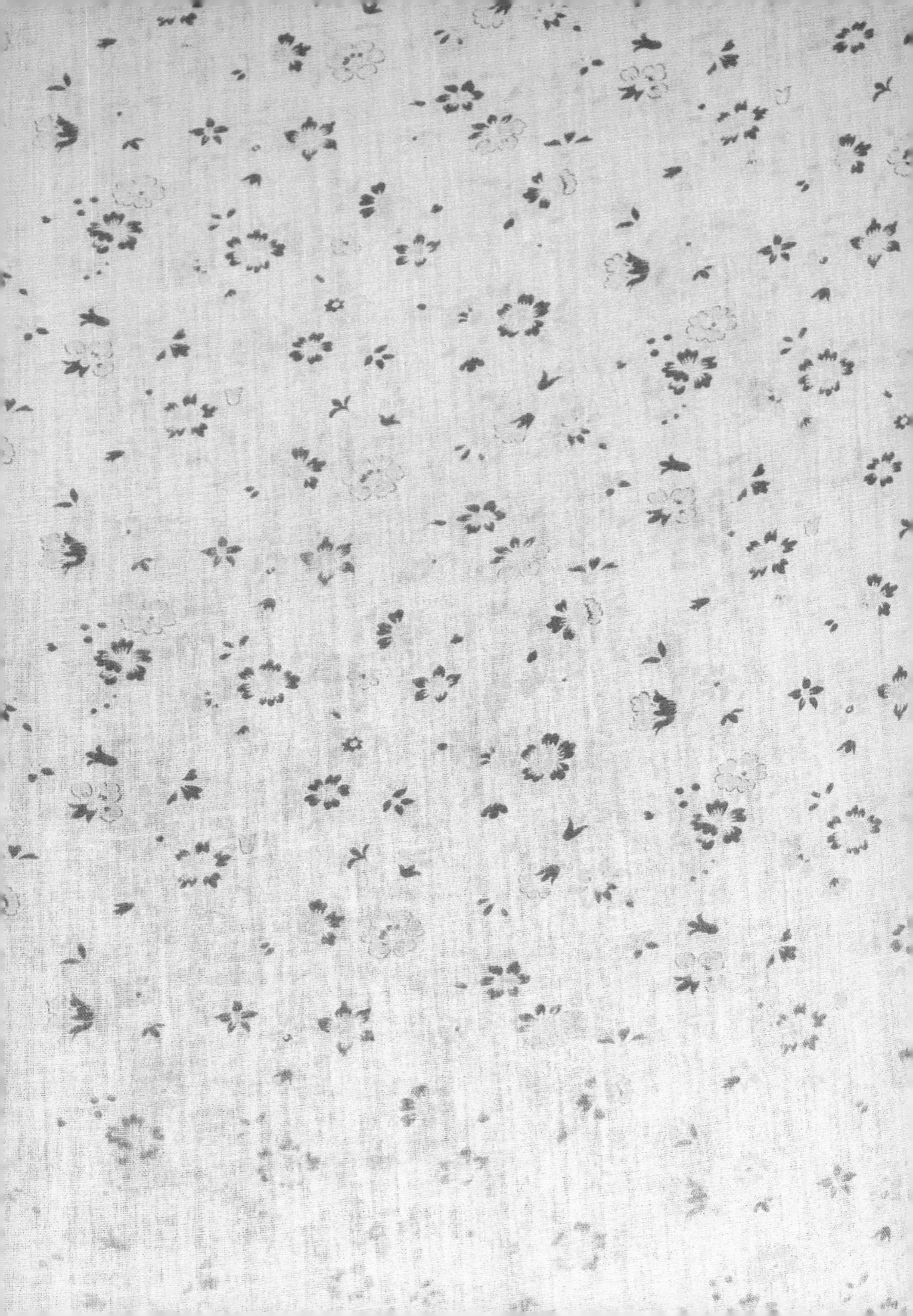

chapter 2

丁寧に接客すれば、
お客様も丁寧な時間の過ごし方を
してくださることがわかった

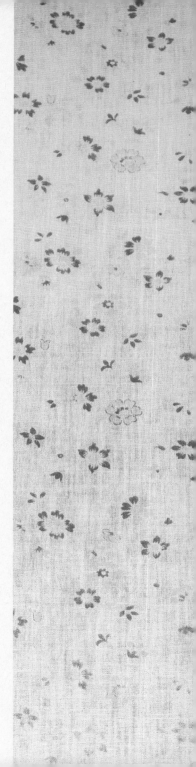

No 11

わたしがロッタを一人営業に変えたわけ

経営難ではないけれど……約1年間悩んだ末に決心

いつ頃からだったかな……悩み出したのは。「なんか違う」「わたしがやりたかったことはこういうことだっけ?」と。自問自答しながら、普段はあまり悩まないこのわたしが、約1年間ふつふつと悩みました。日に日に膨らんでいくその気持ちをまずは夫に、そして同業の友人に、そしてスタッフには一人ひとりに時間をつくってもらい大切に打ち明けて、17年目の3月でいったん店を閉じる決断をしました。

小さな商店街でひっそりと、でも、常連さんが毎日「こんにちは」と来てくださるようなあたたかな喫茶店をやりたくて、今の場所を選びました。先見の明があったのかな? ここ10年ぐらいで松陰神社通り商店街はあれよあれよと店が増え、さびれた商店街はどんどん活気を帯びていき、ロッタにも日々、遠方からたくさんのお客様が来店してくださるようになりました。そう、遠い海外からも。

ケチャップで顔を描くオムライスが大人気で、オムライス目当てのお客様が毎日訪れ、週末ともなると何組ものお客様が長時間お席最後のオムライスは“かおりさん”

待ちをする状況。営業時間中はわたしもキッチンスタッフもドタバタ。閉店後もスタッフたちは料理とケーキの仕込みに追われ、気持ちに余裕がなくなっていたのでしょう、体がぶつかり合うこともしばしば。食器を割るなどのミスも。わたしはといえば、2階への階段を日に何十回も昇ったり降りたりしているうちに足腰が悲鳴を上げ、とうとう毎朝出勤するのも苦痛に感じるように。心身ともに「こりゃヤバい」という状況でした。

　経営難なわけではなく、お客様が来すぎて困るなんて、とても贅沢な悩みなのはわかっていました。バチが当たりますよね。答えを出すまで長い時間を要したけれど、早い段階で決心していたように思います。いったん店を閉めてしっかり見直そう！と。そうして、一人営業で再スタートすることに決めました。

心身ともに余裕が生まれ今は一切悔いなし！

店を閉めていた約1ヵ月間は何をしていたか？

　来る日も来る日もママ友たちに手伝ってもらって、とことん掃除

片付けはママ友が毎日手伝ってくれました。感謝しかない

をしました。そして、メニューも一人でできるものに厳選して組み立て直し、それに伴い食器類も整理しました。大がかりなリニューアルをしない代わりに、気分転換に壁紙を大好きなウィリアム・モリスに替えました。これが大正解！　好きなものに囲まれるって、こんなにも気分がいいものなんですね。

では、一人営業に形態を変えてどうだったのか？　一言**「一切後悔なし」**です。

たくさんのたくさんのオムライスファンをがっかりさせてしまったことでしょう（今でも毎日、オムライスに会いにお客様が訪れます）。売り上げも営業時間が短くなりお食事メニューがなくなった分、ガクンと下がりました。が、同時にスタッフへのお給料はなくなり、食材費もかなり減りました。仕込みの量が減り、身体は楽になったし、気持ちに余裕も生まれました。何より、朝出勤するのが怖くなくなりました（笑）。

お客様と話しができる理想の〝喫茶店〟に

一人営業だと、お客様がいっぺんにいらっしゃると、提供までに時間がかかってしまいます。そんな時は、オーダーの詰まり具合によって「頑張りますが、お時間は大丈夫ですか？」と先にお客様へお伝えするようにしています。すると、ほとんどの方がやさしく笑って「大丈夫ですよ！　急いでいませんから」と返してくださいます。お客様はずっと待たされるとその時間が長く感じ、不安になってしまいますから、この一言

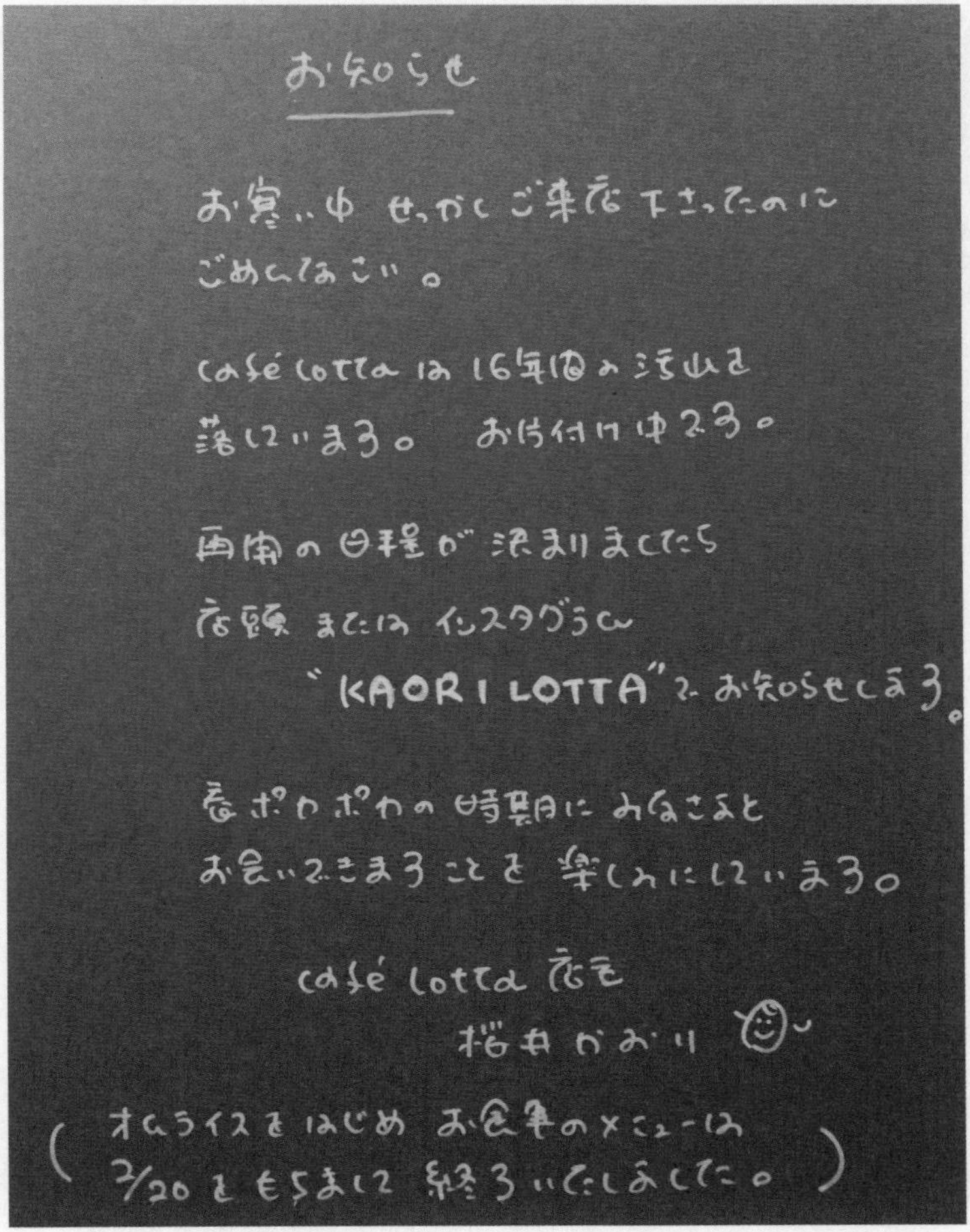
お知らせ
お寒い中 せっかくご来店下さったのに
ごめんなさい。
café lotta は 16年間の汚れを
落としています。 お片付け中です。
再開の日程が決まりましたら
店頭 または インスタグラム
"KAORI LOTTA" でお知らせします。
春ポカポカの時期に みなさまと
お会いできますことを 楽しみにしています。
café lotta 店主
桜井かおり
(オムライスをはじめ お食事のメニューは
3/20をもちまして 終了いたしました。)

店を1ヵ月間閉めていた時の貼り紙。今でも胸が熱くなる

“Pimpernel” は昔から大好きな柄。
好きなものに囲まれて毎日気分がいい♪

を大切にしています。

あと、お客様からは「かおりさんとお話しができるようになった」とよく言われます。きっと、それまでのわたしは、険しい顔で店内を走り回っていて、声をかけづらかったのでしょう。育児の悩みだったり、恋愛のことだったり、店をいつか持ちたいという夢だったり、いろんなことを相談されます。本を開く方も増えました。こちらが丁寧に接客すれば、お客様も丁寧な時間の過ごし方をしてくださるということもよくわかりました。

これこそが、わたしの想う〝喫茶店〟です。

無理をしてその結果、お客様に迷惑をかけてしまわぬよう、自分の年齢や状況に合わせて営業の形を見直し変えていくのは、わたしはありだと思いますね。おかげでロッタがますます大好きに！

わたしもお客さんとして来てみたいな……と思っちゃったりしています。

再オープンする時の食器はスージー・
クーパーを使おうと決めていました

№12

近所の女性店主たちは、なくてはならない大切な仲間

ご近所づきあいはやはり開店のあいさつから

店を今の場所に構えた時、わたしはまだ30代半ばでした。当時、まわりはとても古いお店が多く、大先輩ばかり。みなさんの仲間入りをさせていただくために（大先輩方にかわいがっていただくために）、夫と二人で1日かけて商店街の全店舗を一軒一軒、緊張しながらごあいさつ回りをしました。

そのうち1軒だけ、目も合わせてくれないし話しも聞こうとしないお店があったなぁ……そのお店はもうありませんが、街のケーキ屋さんでイートインスペースもありました。つまり、同業です。

物件の契約が済んだ時、大家さんから「この商店街は年寄りばかり。あなたが一番若いのだから、あいさつをきちんとしてみなさんとうまくやっていってね。そして、街を盛り上げて」と言われました。この大家さんの言いつけは日々、忘れることなく今日まで守ってきましたよ！

だからかな？　何のあいさつもなく突然大きな音で工事を始め、いつの間にか開店しているお店は「うーん。ご近所さんなのにな……」と寂しく残念に思いま

す。仲よくお付き合いをしていくきっかけを失っちゃうからね。

ロッタのある松陰神社通り商店街は、今は大変人気のようです。その反面、飲食店ができてはなくなるといった状況。店の入れ替わりが激しく、「あれ、また新しいお店ができたのかな？」と気づいても、店主の方とお話しするのはもちろんのこと、一度もお邪魔せずに店がなくなっちゃったということもしばしば。

そこで、ある時からわたしなりのマイルールを決めました。開店のあいさつに来てくださったお店には、お祝いの気持ちも込めて必ず食べに（お買い物に）行こう！とね。そうでないお店は、やはり同業だと行きづらいものです。

近隣の女性店主に声をかけ〝みんなで飲む会〟を発足

ここで『世田谷女店主の会』についてちょこっと。

ロッタができた当時、商店街を取り仕切っているおばさま方がいらっしゃいました（わたしはマダムたちをこっそり〝ボス〟と呼んでいました）。若かったわたしには、マダムたちの迫力がちょっと怖くて、夜の婦人会に誘われても「小さな子供がいるので」と言い訳をして、とうとう一度も参加しなかったけれど、大変よくもしていただきました。

残念ですが、当時あったおばさま方のお店は代替わりをしたり閉

ご近所のケーキ屋さんからいただいた
バースデーケーキは旗付き！

店したりで、今はもう残っていません。ふと気づくと、ロッタのまわりには、若い店主のお店が増え、「あれあれ?わたしが**ボスかも?**」と思ったのです。

そこで、日頃から仲よくさせてもらっている近所のお店の女性店主たちに声をかけ、『世田谷女店主の会』の発足に至りました。発足というとちょっと大げさで、要は『みんなで一緒に飲みましょうの会』です。

現メンバーの人数は10名ほど。業種は様々で、年齢も50代のわたしを筆頭に、働き盛りの40代、30代。存在感も才能も根性も兼ね備え、それでもっておしゃれでかわいくて、仕事も大好きな女店主たち。わたしが〝一人営業〟にするかどうか悩んでいた時、真っ先に相談したのは彼女たち。「かおりさんなら大丈夫!」と背中をポンと押してくれたのも、頼もしい彼女たちでした。

個人店主はとかく孤独になりがちだから、やっぱりご近所づきあいって店をやっていく上ですごく大切!　敵にしちゃもったいない、味方にしましょうよ。まずは、きちんとしたあいさつからその関係は始まると、わたしは思います。

元スタッフたちが元職場でお茶をする後ろ姿。
胸が熱くなる。ここは彼女たちのHome♡

№13

好印象を残すカギは、やっぱり「掃除」だ！

残念な記憶を残さないよう特にトイレ掃除は念入りに

たかが掃除、されど掃除。店をきちんと掃除しているかどうかって、実はお客様みんなが見ています。

立場が逆で、わたしがお客様だった場合、店に入ってすぐその空気感で、この店は掃除が行き届いているか否かを感じ取っちゃいます。流れる空気がピーンとしているか、どんよりしているか。この時点で合格（失礼な表現でごめんなさい）したお店は、高い確率でお化粧室（ここではトイレと言わせてください）も掃除が行き届いており、気持ちがいいです。これはわたし独自の調査から（笑）。

女性の方はお帰りになる前にトイレを利用されることが多いですよね。どんなに素敵な内装で、最高に美味しいお食事をいただいても、最後に入ったトイレでげんなりした……という残念な経験ってありませんか？　わたしは何度もありますよ。そうすると、その店の印象（記憶）はこのように残ってしまいます。

「あの店は美味しいんだけどトイレがね……」と。そんな印象を残してしまうのは絶対にもったいない！

それで、ロッタでもトイレ掃除は手を抜かず、体をかがめて毎日ガシガシとやっています。床の白いタイルはお客様の靴で傷だらけ。20年という経年でどうにもならないところも多々あるけれど、それならなおさらのこと、ガシガシと。

「小掃除」と「大掃除」に分けていつもきれいに

閉店後の流れは、まず掃除機がけから。その後、キッチン磨き(シンクの中、ガスコンロ、冷蔵庫の中など)、1日頑張ったエスプレッソマシンの手入れ、次に食材のチェック、補充。レジ締め、そして最後に大好きなトイレ掃除をフンフンと鼻歌を歌いながら。

わたし、トイレ掃除は〝夜する派〟です。その理由は単純で、気持ちのいい朝の最初の仕事がトイレ掃除というのが嫌だから。逆に窓拭きは気持ちのいい作業なので〝朝する派〟です。

朝はケーキを仕上げたり、ケーキに添える生クリームを泡立てたり、お客様にお出しする白湯を用意したり、パン屋さんに行ったりと、開店まで時間との戦い。なので、掃除は空気の入れ替えとテーブル拭き、そして窓拭き程度にしています。ここまでが日々の『小掃除』。

『大掃除』（わたしの言う大掃除とは週に1～2度の掃除のことです）は、物をどかして棚を拭く、テーブルと椅子の脚を拭く、天井から吊るしているペンダントライトのコードについたモハモハしたホコリを取る、キッチンの床掃除、ガスコンロまわりの掃除、ふきんの煮沸消毒など。スタッフがいた頃、煮沸消毒はスタッフの毎日の仕事でしたが、一人営業に形態を変えてからはふきんを買い足して2～3日に一度にし、その負担を減らしました。『小掃除』から『大掃除』へ格上げってことかな？　時々、毎日のルーティーンに疑問を持って見直すことも必要ですね。これは掃除に限らず。

面倒くさがり屋でも
掃除はしっかりやる！

わたしのように経営者が女性の場合、お掃除不足なのはなぜかみんな厳しい。逆に男性が経営者の場合は、店の掃除が行き届いていると「おぉ～」と感心される。ちょっとずるいなー。

それくらい、お掃除って店の良し悪しを判断する基準になるので、とっても大切に思っています。見て見ぬふりをしないことです。

今後の目標は『大大掃除』をやること。ついつい後回しにしてしまう、店の外まわりの片付けをやろう！（毎年言っているような）。

あと……自宅の片付けも。「毎日、仕事が忙しいから」「うちには男子がいるから」と言い訳しすぎ。根っからの面倒くさがり屋なので、部屋の掃除は大掃除にしないで、日々ちょっとずつ片付けるのがポイントですね。

疲れて帰ってきた時にリラックスできるような、こざっぱりとした家に憧れるわたしです。

床に白いタイルを敷きつめたことをちょっと後悔。
いやっ やっぱりかわいい♡

わたしにはフラッグにしか見えない

Nº14

スタッフと一緒に取り組んだ、食事メニューの開発

食事メニューが必要と気づき慌てて開発に着手

オープン当初、ロッタには食事メニューが一つもありませんでした。用意していたのはトーストのみ。その理由は、単純にわたしがパン好きのパン子ちゃんだから（今もお米よりパン派）。それに、喫茶店には〝ご飯もの〟はなくていいと思い込んでいました。

店舗の工事中からオープンを心待ちにしてくださっていたご近所の方々からは「あれ？食事メニューは何もないの？」「ランチはやっていないの？ダメね」と残念がられ、嫌みを言われたことも。あぁこの場所（商店街）で店をやっていくには食事メニューが必要なんだなと思い知らされました。そうですよね、この商店街の近くには大学もあれば区役所だって税務署だってあるんですもの。そう気づいたのは、オープンから6ヵ月ぐらいが経った頃でしょうか。わたしの完全なリサーチ不足でした。

ランチがないとお昼は閑古鳥。そこから慌てて料理好きのスタッフを一人ずつ順番に夫の店へ修業に出し、まずはカレーライスと秘伝のたれを使ってつくるポークラ

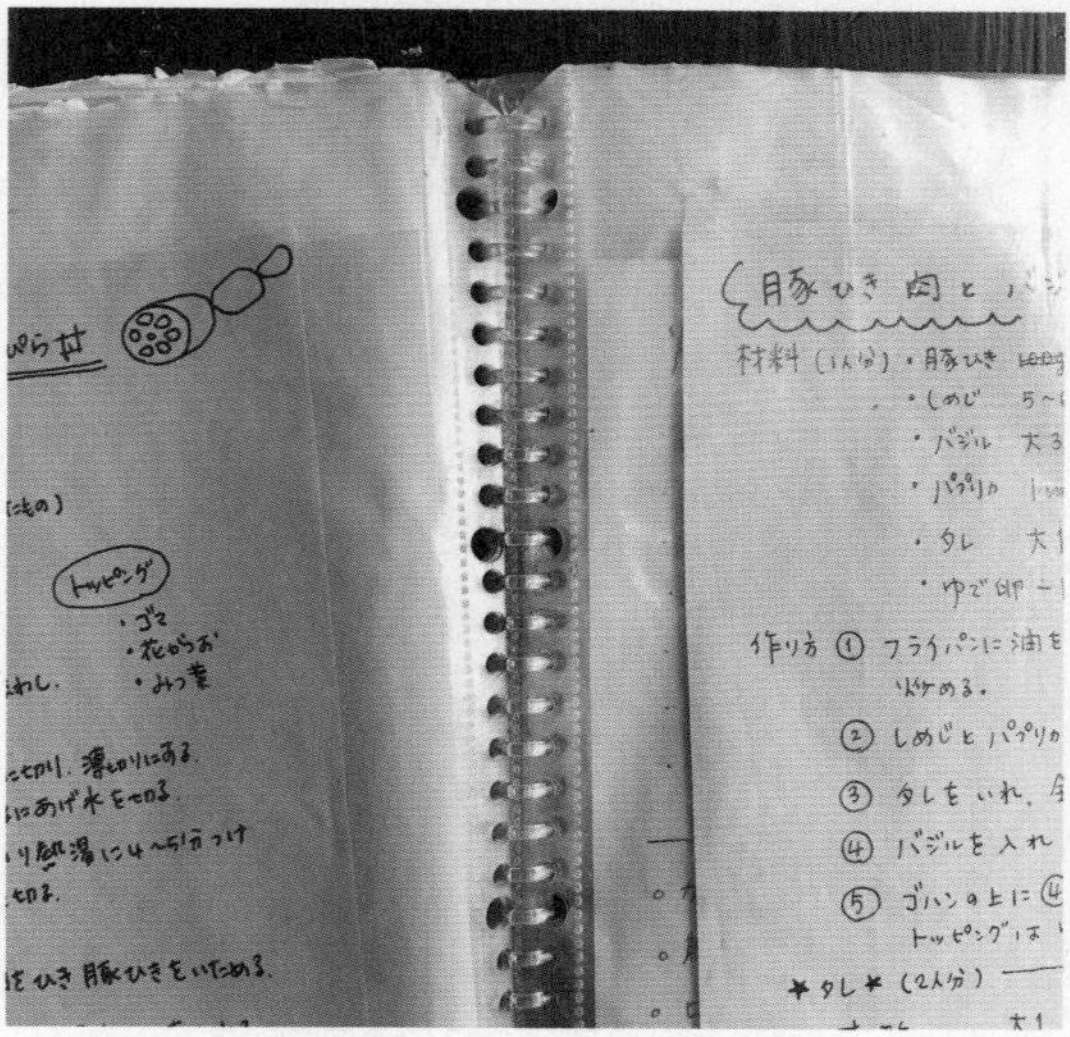

20年間使い込んだメニュー帳はボロボロ。
いつか1冊にまとめたいな

イスのレシピを習得。早々とメニューに加えました。その頃かな、ご近所の店舗から、換気扇から出る匂い（煙？）のクレームがあり、煙突を屋根の上までのばす工事もしました。この追加の工事費はとっても痛かったけど、後からできた店舗がまわりに気を使うのはマナーですよね。特に商店街という場所柄。

スタッフからもアイデアを募り メニューを増やした

では、カレーライス（正式メニュー名は『ゴロゴロ野菜のカ

“どんぶり”はこのイタリア製のおっきなカップ?で提供していました

レーライス』)とポークライス(正式メニュー名は『ロッタ風ポークライス』)から、どのようにして食事メニューは増えていったのか。人気のあった週替わりの『どんぶり』は、わたしの思いつき。パッとひらめきました。

　どんぶりメニューの第一弾は、お肉ばかり食べる幼い息子たちに野菜(特にピーマン)を食べさせようと、よく自宅でつくっていた『豚肉とピーマンとなすの甘口味噌炒め』を、炊きたてのご飯に刻みのりをパラッとして**どどーん!**とのせた、名付けて『ぶた・なす・ぴー丼』(そのまんまのネーミング……笑)。これがお客様(特に男性客)にもスタッフにも大好評で。「ならばもっとどんぶりのメニューを増やそうではないか!」と、お料理好きのスタッフたちから具のアイデアを募集しました。それを賄いでつくってもらって、みんなで試食して「こうしたらもっと美味しくなるんじゃない?」とアイデアを出し合い、どんどんメニューは増えていきました。

　スタッフへのこの宿題は、お料理好きさんにはたまらなかったようで、みんな楽しんで(わたしにはそう見えた)新メニューを提案してきてくれましたよ。

カフェらしいおしゃれさより
ボリュームで人気を獲得！

メニューを考える時の決め事は5つ。①野菜をたっぷりと使うこと ②魚は使わない（当時、お向かいさんが魚の定食屋だったから被らないように） ③トッピングにマヨネーズは使わない（わたしがマヨネーズ嫌いだから） ④おしゃれさは不要。安全で毎日食べても飽きないもの ⑤そして一番大切なのは、何人かいるスタッフの誰がつくっても味が安定していること。

塩・胡椒などで味を調整するのは、どうしてもつくる人によってムラが出てしまう。この味の安定問題は〝たれ〟をつくることによってクリアしました。

大人気だったオムライスもそう。デミグラスソースをレシピ通りにコトコトつくり、卵の下のご飯をデミライスにすることにより、味を安定させました。

そして、ケチャップライスではなくデミライスにしたことによって、トッピングにケチャップであのお顔を描くアイデアが生まれました。

お料理好きの元スタッフたち。
今でもみんな仲よし

そうして、気づくと食事メニューはカレーライス、ポークライス、どんぶり（具のバリエーションは20種類強）、オムライスの定番4種類となりました。定番にすることによって、食材の無駄がなくなります。

他店の人気メニューを真似てもつまらない。わたしが最終的にメニューを決める時に大切にしていたことは、〝ロッタらしいひとひねり〟。ロッタのような一見かわいい内装のカフェで、ポークライスやどんぶりを出していたらびっくりするでしょ！ それも、盛り付けが全くカフェらしくなく、ドーンとボリューミーで（笑）。これも、わたしなりの〝ひとひねり〟。

久しぶりにロッタのどんぶりが食べたくなってきちゃったなぁ……。わたしが一番好きだったどんぶりはね、『シャキシャキセロリと豚肉のごま味噌炒めどんぶり』。あ、やっぱり『人参たっぷり豚バラどんぶり』かなー？ 大変！お腹すいてきちゃった。

No.15

妥協せずにつくった内装だから、
今も大好き、大満足！

イギリスの港町にあった小さなカフェがモチーフ

今の物件と出会ったのは、物件探しを始めて2軒目でした。ちなみに、最初に紹介された物件は、東急世田谷線のとある駅にほど近い、線路沿いの新しいビルの1階。家賃が高めで諦めました。

契約したのが2000年の年末、あと数日で年が明ける頃でした。わたしはまったく意識をしていませんでしたが、世の中的には第二次カフェブームが到来した頃ですね（ブームは去るものだから好きな表現ではないけどね）。

物件が決まり、さぁ内装をどうするかと考えた時、当時は参考にする店もあまりなければカフェ本もまだなかった時代。しいて言えば、洋書のインテリア本は好きで、よくパラパラと見ていたかな？　きっとそれがかえってよかったのでしょう、内装は一からオリジナルになりました。

漠然と頭に残っていた店はあります。20代の頃、テディベアの買い付けで幾度となく足を運んだ、イギリスのブライトンという港町にある小さなカフェ。ガイドブックにも載らないほどの、街の中にある小さなかわいい床がだんだんいい色になってきました。
昔の小学校ってこんな床だったよね

カフェ。店名も忘れちゃった。マダムのつくるスコーンが大好きで、買い付けのたびに通いました。内装のテーマを「木でつくった白い箱にしよう!」と決めたのは、その小さなカフェを真似たのかなぁ……と。

"見せる"収納で生活感のある台所を表現

店内のイメージは、美味しいものが次から次へと出てくるおうちの"台所"。整然と物が並んでいるのではなく、生活感プンプンの、ちょっとごちゃごちゃっとした台所。

そこで考えたのが、収納棚の場所。わざとフロアの客席から丸見えの場所に棚をつくってもらいました。年配の大工さんからは「客に見せるもんではない。普通は隠すものだ」と大反対されてすったもんだありましたが、「いいんです!」と頑張って意見を通してよかった。棚にはコレクションしていたアンティークのカゴを並べて、その中に製菓材料、コーヒー豆、ふきんのストックなどを隠しています。あ、これって見せ見せる収納……ね！

る収納のはしりですね！　お客様も料理を待っている間、キョロキョロしていて楽しいみたい。

当たり前ですが、キッチンの中はいろんなシミュレーションをしてすっごく考えましたね。まずは動線がスムーズな厨房機器の配置。

そして収納スペース。収納量は十分か？　棚類の高さは身長156㎝のわたしにどうか？（後々、背の高いスタッフからは「棚に頭ぶつけるー」と不評でしたがね）。

そして、キッチンからフロアへの出入り口を3ヵ所つくりました。これも大工さんからは「こんな狭い厨房で3ヵ所もいらない。費用が倍かかる」と指摘されましたが、つくっておいて本当によかったと思います。例えば、お会計のお客様がカウンターまわりに溜まってしまっても、オーダーが決まったお客様から「すみませーん」と呼ばれたら、他の出入り口からフロアに出られる。そして何より、働くスタッフが安全だ。スタッフが女性ばかりだったので、何かあった時の大切な避難経路にもなるのです。

店長はネコちゃんだよ！
よくクマちゃんと言われちゃうけど

居心地の悪いカウンター席は女性オーナーならではの発想

もう一つ、飲食店経営の大先輩でもある夫からのアドバイスで、〝居心地の悪いカウンター席〟にあえてしました。「なぜ」と思うでしょ？ その理由は、女性スタッフが嫌な思いをしないため……です。今までの20年のうち、カウンターに座った勇気ある男性の数は、たぶん5本の指で足りるほどです（笑）。

出入り口を多めにつくったこと、座り心地の悪いハイチェアーをたった2脚並べて居心地の悪いカウンター席にしたことは、女性オーナーの店ならではの発想かもしれませんね。

しあわせなことに、今でも店の内装に飽きることなく大好きで大満足しています。日々、愛でています。きっとこんな好きな場所（＝店）、わたしは二つとつくれないだろうなぁ……と思うのです。

ぜひ、みなさんもこんな店づくりを！ 自分にとって気分がいい店は、きっとお客様もいい時間を過ごせるはずです。

これがウワサの居心地悪いカウンター席。笑

№16

夫婦で別々の店を持ち、家庭は円満！

二人で運営していた頃は小さな口喧嘩がたえず

わたしと夫は夫婦で別々の店を経営しています。みんなから「なぜ一緒に店をやらないの？」とよく聞かれますね。

結婚した当時、夫の店『カフェアンジェリーナ』は4年目を迎えていました。アンジェリーナはわたしたちが出会う前に夫が一人でつくった店で、その頃は経営も軌道に乗り、借金返済の目処も立っていました。夫に聞くところ、そこに至るまでは大変苦労したようですが、わたしは何一つ苦労もせず、カフェの〝ママ〟になれたわけです。

長男を出産する前の妊娠8ヵ月まで、わたしは夫の店のランチタイムを手伝っていました。その頃のわたしたちは、表向きは仲よし夫婦でも、小さなことでよく口喧嘩をしていたな……と。お互い小さなことが気に入らなくて。夫が女性のお客様が付けていらしたブローチを褒めたら気に入らない。わたしが男性のお客様とずっとおしゃべりしていたらムッとされる。食器の洗い方や、グラスに氷を入れるその入れ方が違うとか。今こうやって思い返したら笑っちゃう

№16

一緒に朝ごはんが食べられるのは
3ヵ月に1回ぐらいかなぁ

ぐらい、どうでもいいことなのにね。新婚さんだったからかな？

長男が生まれてからは、保育園から「熱があるから迎えに来てください」と連絡があると、母親のわたしが当たり前のようにバタバタとお迎えに行って、それから数日は看病で仕事ができない。夫は子供が夜泣きしようと病気しようと反抗期だろうと、仕事だけに集中していられる。それがうらやましかったり気に入らなかったり。結局のところ、夫が夢中になっているアンジェリーナちゃんに、わたしが一方的にヤキモチを焼いていたのでしょうね。店を一番に

50歳からのBarデビュー

月曜日の夜、子供が帰って来るまでが
夫婦の貴重な時間

考える夫に嫉妬していたのです。ちっぽけだったな、わたし。

ロッタを開いたことで夫婦が円満に

ある日、わたしは夫に「あなたは自分のお店があってうらやましい。わたしもそんなに夢中になれるお店を持ちたい」と**爆弾発言**。育児の真っ最中で当然反対されると思いきや「僕も大賛成だよ」と。きっと夫もいっぱいいっぱいだったのでしょうね、わたしの取り扱いに（笑）。

しかし、まわりの反応はという

と、夫の店の常連さんからは「夫婦で一つの店を経営するのが当たり前。別々の店なんてやっても絶対うまくいかない!」と大反対されましたね。いやいや、うちはあのまま一緒に店をやっていたらどちらかが爆発して、家庭が崩壊していたかもしれません。そりゃ夫婦で力を合わせて一つの店を経営するのが一般的でしょうが、桜井家は違っていました。いろんなパターンがあるのです。うちは『カフェロッタ』をつくったことで、夫婦円満になりました。

夫婦だけのクリスマスプレゼントの交換はずっと続いている

別々に店を持ったから家族の時間を大切に想える

アンジェリーナが10周年の年にロッタはオープンしました。夫婦で別々の店を持ってからは、一日単位で考えると、夫婦の会話時間はグッと少なくなりました。夫の店は深夜2時までやっていて、たいてい朝方帰宅するので、話せる時間は朝の10〜15分程度しかあり

桜井つぶ。家族の癒しです♡

ません。それも要点のみの早口。でも、週単位で考えればいいのです。アンジェリーナの定休日である月曜日の夜が唯一、ゆっくり会話ができる時間。お互い月曜日の夜を『家族が揃う日』として大切に想っているし、そんな大切な日に喧嘩をする気も起こらないしね。もし、週の半ばに話したいことがあれば、夫の店のカウンターのド真ん中の席で、ビールをグビグビと飲みながら聞いてもらうことも。

結婚して20年をすぎると、このくらいの距離感がちょうどいいのかな？　もしかすると、子供たちがまだ小さかった頃は、夜、父親がいなくて寂しい思いをしていたかもしれませんが、そんな家庭はいっぱいあるでしょ？　一緒にいられる時間がとても少なくても、家族のみんながその時間を大切に想っていれば問題なし！　です。

夫婦で別々の店を持つメリットは、お互い嫌な部分を見なくて済む点。よきライバルでいられることかな。デメリットは……うーんうーん、今のところ浮かばない。

そう、これが夫婦別々に店をやっている理由です。チャンチャン♪

No.17

定休日に店のスペース貸しをするのも、新鮮でいいもんだ

独立を夢見るバリスタに店を貸すことを提案

ロッタは一人営業に形態を変えてから、水・木曜の週2日を定休日にしています（現在は仕込みのために金曜も加え、週3日定休に変わっています）。初めはその定休日に「店舗のスペース貸しをしよう」とは、これっぽっちも考えていませんでした。しかし、ある日「あぁ店を貸してあげたいな」と思える青年と、突然出会ってしまったのです。

その青年はバリスタで、彼の淹れるコーヒーにはたくさんのファンがついていることを知っていました。もちろん、わたしもファンの一人。その彼が、長く働いていた店を辞め、独立に向けて準備を始めると、わざわざ報告に来てくれたのです。「これから開業資金を貯める目的で全く別の仕事をする」と聞き、「その間（おそらく夢の実現までには1〜2年はかかるな、と）コーヒーから離れちゃっていいの？　今あなたについているファンは離れていってしまうかもしれないよ。腕も落ちてしまうかもしれないね。ならば、週1回でも2回でもロッタの定休日を使って腕とファンをキープすれば

いい。店をつくる時のヒントも掴めるかもしれないよ！」と、わたしの方から提案をしたのです。深く考えずに。

もちろん彼は「やりたいです！ありがとうございます」と即決。こうして週2日、ロッタは店名を変えて彼の店となったのでした。

バリスタ君は無事に開業！

次は友人が参鶏湯屋を

レンタル料（水道、ガス、電気使用代）は二人で相談して決めました。お互いきれいに掃除して貸す、きれいに掃除して返すという基本ルールも決めました。

でも、ここだけの話、わたしの中では彼に店を貸すのは最長2年と期限を決めていました。それはなぜか？　彼にとっては店を出すまでの仮の居場所であって、ダラダラとずっとここに留まってはいけないからです。しかし、わたしがそれを口に出すまでもなく、1年3ヵ月が経った頃「本格的に物件探しを始めます」と彼から言ってきました（よしっ！）。そして、彼は長野県諏訪市に『AMBIRD coffee&tea』をオープンさせました。ロッタでの1年3ヵ月の経験が、少しでも彼の肉になっていたら嬉しいな。こうやって関わった以上、わたしはこれからも彼を息子のように応援していこうと思います。

そして、その次に店を貸したのが友人。彼女は『小さな参鶏湯屋さん』をオープンしました。そのオープン初日、彼女が「かおりさんどうしよう。全くお客さんが来ない……暇すぎる。自信もない。もう辞めたい」と半べそをかいて言ってきたのが嘘のように、「美味しい」という評判がどんどん広がり、『小さな参鶏湯屋さん』はいつの間にか『行列のできる参鶏湯屋さん』になっていきました。

それはもう、自分のことのようにすっごく嬉しかったなぁ。しかし、その頃から彼女の本業が忙しくなり、『行列のできる参鶏湯屋さん』はみなさんに惜しまれつつ6ヵ月で閉店。その後は誰にも店を貸さず、今に至っています。働かせすぎたロッタちゃんを少し休ませてあげようかな、と思って。

店に立つ人によって違った店の顔が見られる

定休日に店舗を貸すのには、もちろんメリットとデメリットがあります。

メリットは、やはりスペースレンタル料が入ることではないでしょうか。そして、もう一点はロッタの定休日を知らずにもしお客様がいらっしゃっても、コーヒーや食事を提供できること。借りる側のメリットは、経験を積めることと、違ったファン層を増やせる点でしょうか。

逆にデメリットは、レンタルしている時間はキッチンが使えないので、仕込みができないこと。わたしの場合、翌営業日の仕込みは店が空になった木曜日の夜中にしていました（これ結構大変でした）。また、貸す側はレンタル代をいただくからには店を常にきれいにしていないといけない。毎回、きれいにして引き渡せば、それが伝わってきれいに使ってもらえます。いろいろ細かい点は気になりますが、まぁ問題は最初にお互いがきちんと確認しておけばいいのです。

物件が賃貸の場合、まず大家さんに事情をきちんと説明して許可をとっておくことも忘れてはいけません。

自分の店なんだけど、店に立つ人によってまた違った店の顔が見られるのは、新鮮でなかなかいいもんですよ。

ロッタで店をやった経験が、今後、彼ら（彼女）の身になり、人生のちょっとした記憶に残ってくれると、それはわたしもロッタちゃんも最高に嬉しいなー。

貸す側と借りる側は仲よしでいたいですね。
店づくりの相談にのってあげることも

No18

居心地のよい空間をつくるための店のルール

気遣いのある一言で、みな気持ちよく過ごせる

同業者で集まる機会があると、それぞれの店舗で決めている写真撮影や注文方法のルールについて、必ず話題にのぼり、熱く意見交換をします。店主はみな、少なからず頭を悩ませているよう。

ロッタのルールはこんな感じです。まず写真撮影については、美味しいもの、かわいいものを記念に撮りたい気持ちはよくわかるので、枚数を決めるのではなく、ほかのお客様が写り込まないようお願いしています。以前、二度ほどわたしのインスタグラムに「写真を撮る前に一言お声をかけてくださると嬉しいです」と書いたことがあります。これはとても効果的で、翌日からみなさん「写真を撮ってもいいですか？」と聞いてくださるようになりました。この一言があるだけでお互いとても気持ちがいい上に、きっとまわりの方も聞いていて気分がいいはずです。「写真は○枚まで！」と細かく規制をしなくても、その気遣いができるお客様はササッと撮影を終わらせてくれます。わたしが大切にしているのは、一言聞いてくださったことへの感謝の気持ちを伝える

こと。そうすることによって、このお客様はほかの店でも許可をとるように変わるだろうと思って。

もちろん「困ったもんだ」という方もたまにいらっしゃいます。お皿を手に持って狭い店内を歩き回り、場所を変えて撮影しようとする方。アイスクリームが溶けてしまうまで、ずっと撮影をしている方。ご自身を熱心に撮影する方（お化粧室から出てきた時に衣装替えをしていてびっくりしたことも）。三脚を立てようとなさった方。基本的に、ほかのお客様が不愉快になるような行動の場合は注意をします。だって、三脚は立てちゃダメでしょ。

注文マナーの悩みは メニュー表への一筆で解決

注文方法のルールにはずいぶんと悩みましたね。同業の友人にも、どうしたらいいもんかとたびたび相談したぐらい。それは、人気メニューであるプリンを「プリンだけでいいです」と注文なさる方が多かったからです。若い学生さんなら「お金がないのかな？」とも思えるのですが、大人の方が平気で「プリンだけ」と。お飲物をうかがうと「あ、水でいいです」と。喫茶店なので、コーヒーだけの注文はもちろん何の問題もありません。しかし、喫茶店でケーキだけは、マナー違反だと思います。なのに、お客様にそれをなかなか言い出せなくて……。

でも、これは同業の友人のアドバイスで簡単に解決しました。口で言えないのなら、毎日書くケーキのメニュー表の最後に「ドリンクと一緒にご注文ねがいます」と一言書き加えればいいのです。すると、ケーキ単品の注文はほぼゼロになりました。

ルールを増やす前に丁寧な接客を大切にする

満席の場合の席待ちルールは、お客様を店先で並ばせることはさせていません。これは20年間ずっと。寒かったり暑かったり、雨が降っていたりかんかん照りだったり、いろんな日があるし。車が通るところに椅子を置くこともできないから、立たせっぱなしになってしまう。何よりお客様が店先で並んで待っていたら、店内のお客様も気になってゆっくりできないでしょ？　わたしだったら「急いで食べて席を早く譲らなくっちゃ！」と思ってしまいます。そういう理由で、手間と時間はかかりますが、来店するお客様一人ひ

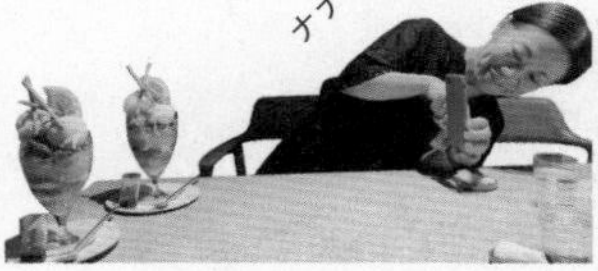

とりに今の状況を説明して、納得していただけたらご連絡先をうかがい、お席の用意が整い次第、順番にご案内する方法をとっています。小さな店で席数も少ないため回転が悪く（回転をよくすることもしていない）、長い時間お待たせしてしまうことも多々ありますが、「居心地がよくてゆっくりできました」という言葉をいただくことが何よりも嬉しく、これが喫茶店として成功につながっていると思っているので、今のルールを変えるつもりはありません。

ロッタは一人営業に形態を変えてから、お客様の年齢層がぐっと上がりました。そのせいでしょうか、いちいち細かいルールを決めなくても、マナーをわきまえているお客様がとても多く、接客をしていて嫌な気分になることは少ないです。わたしは、メニュー表に長々と店のルールを書くのは好きじゃない。お客様には気分よく過ごしていただきたいと願い、日々、大切に接客をしています。そうするとね、その気持ちはちゃんとお客様にも伝わるものなんです。もし、困ったお客様が多くて悩んでいたら、ルールばかりを増やすのではなく、まず自分の接客を見直してみるといいかもしれませんね。

№19

スイーツは
お客様の喜ぶ顔を想像しながらつくる

値段が高くても人気だった
「よくばりケーキセット」

2001年の開業から2017年に一人営業に形態を変えるまでの16年間、平日は約6〜7種類、週末は約10種類のケーキを焼いていました。カフェとしてはケーキの種類がとても多いですよね。毎日これだけの種類のケーキを用意するのはスタッフも大変でしたが、これがロッタが人気である理由の一つだったと思います。

一日の流れはこんな感じ。早番のスタッフが土台をつくり、遅番のスタッフが仕上げる。もちろん毎日完売で、遅い時間にはケーキが売り切れていることもしばしば。

ロッタには『よくばりケーキセット』(通称:よくばりさん)という大人気のメニューがありました。よくばりさん、気になりますよね。詳しく説明しますと、まず本日のケーキメニューから、お客様が召し上がりたいケーキを2個選んでいただきます。そして、お客様が選ばれた2個のケーキに店で選んだケーキを1個プラスして、一緒にお皿に盛って提供するのです。つまり、お客様は2個しかケーキを注文していないのに、3個のケーキが目の前に運ばれて

週末限定のたっぷり～ん♡

オレンジスライスをこれでもかっ！とのせました。わかりやすいケーキが食べるのもつくるのも好き

くる。それはそれは、老若男女関係なくみなさん「わぁー」と歓声を上げて大喜び。でも、ご安心ください、個々のケーキのサイズは通常より小さくなり、一皿で約2個分です。

〝おまけ〟のケーキ選びは、キッチンのみんなで真剣に考えます。もしお客様がチーズケーキを2個選ばれたら、チーズケーキ以外を。もしガトーショコラなど茶系のケーキを2個選ばれたら、フルーツを使ったきれいな色のケーキを。ここで残り物のケーキを出してはダメ！お客様は気づきます。

また、値付けにも秘策が。『よくばりケーキセット』と普通のケーキセットの値段の差を100円に設定。すると、「たった100円の差なら……」と、8割のお客様が100円高い『よくばりケーキセット』を注文します。わたしも客側なら、迷わずよくばりさんにします。

今は喫茶店らしく定番ケーキを意識

残念なことに、こんなに人気だった『よくばりケーキセット』

焼いた翌日の方が美味しいケーキもあります

は、一人営業になってメニューからなくなりました。当時はスタッフがたくさんいて、営業時間が長かった（11時〜23時）からこそ提供可能なメニューだったのです。一人では毎日3種類のケーキを焼くのが精一杯。これじゃあよくばれませんよね。

　では、現在のスイーツメニューは？『定番』を意識しています。喫茶店ってケーキは定番がいいのかな？と思って。コーヒーにとても合うガトーショコラとチーズケーキ、それと季節に合わせてもう1種類。寒い季節ならパウンドケーキを、暑い季節ならひんやりしたケーキやさっぱりとレモンを使ったケーキなどを。自分が食べたいと思うケーキを、季節に応じてつくっています。

　大人気のプリンについてもちょこっと。流行に乗ろうとしたわけではないのですが、『喫茶店の定番メニュー』としてつくり始めたプリンが、あれよあれよと大人気メニューになり、毎日がプリンの嵐。来る人来る人がみなプリンのご注文で、その仕込みに追われる日々に……。嬉しい悲鳴ではなく、とうとう夢の中でもプリンをつくるようになってしまったので、週末限定のメニューにしました。これで一件落着。ホッ。

食材をケチらないことと
わかりやすさを大切に

　わたしなりのスイーツに対するこだわりは「食材をケチらない」です。具体的にいうと、例えば『かぼちゃのチーズケーキ』なら、かぼちゃはゴロゴロと。『マロングラッセのティラミス』なら、マロングラッセはガチャガチャと。『ゴルゴンゾーラのチーズケーキ』なら、遠くでゴルゴンゾーラのあの独特の香りがする程度ではなく豪快にプンプンと。

ケーキのネーミングをわかりやすくすることも大切です。そのいい例が『ウィークエンド』というパウンドケーキ。『ウィークエンド』とメニューに書いても、それがどんなケーキなのかわからない方が多く、注文が入らない。でもこれを『レモンのパウンドケーキ』と変えたところ、たちまち人気者に。お客様の中には「ウィークエンドってどんなケーキですか？」と、恥ずかしくて聞けない方がまだまだいらっしゃいます。わたしならズケズケと聞いちゃうけどね。

　スイーツも料理も一緒ですが、自分だったら何が嬉しいか、そしてどんなことが困るのか、流行ばかりを追いかけるのではなくて（店がブレる原因）、お客様の声を聞くこと、小さな反応を見逃さないことが大切かなー。スタッフがいた頃によく言っていたこと。コーヒーを淹れる時、ケーキの準備をする時など、ついつい下ばかり向いて作業をしがちだけど、「意識して顔を上げようね！」と。スタッフに声をかけたいお客様がいらっしゃるかもしれないし、そこにひらめきや大きなヒントがあったりするからね。

　そして、何よりも大切なこと。スイーツだもん、お客様の喜ぶ顔を想像しながら楽しんでつくらないと、美味しいケーキは焼けないよ！（わたしの持論）

コーヒーとチーズケーキは永遠のマリアージュ♡

Nº20

わたしが毎日、元気に楽しく仕事をするための秘訣

仕事と家庭の両立でパンク！救急車で運ばれたことも

開業してから20年の間、ずっと元気に仕事をしていたかというとそうではなく、頑丈なわたしでもさすがに幾度かダウンしています。大きなダウンは二度かな？うち一度は、かなり危険な状態でした。

それはまだ、子供たちが小さかった頃。家庭内でインフルエンザが行ったり来たりしてしまって、家族の治療を優先していたら、ある晩、突然呼吸困難になり、救急車で運ばれる事態に。重症の肺炎で、そのまま入院。

もう一度は、吐くほどのひどいめまいが数ヵ月続き、店に立てない日々がありました。幸い、当時はスタッフがたくさんいたため、店を閉めずに済みましたが、スタッフたちには大変な迷惑をかけてしまいました。原因は〝ストレス〟との診断。きっと当時（40代）はうまくストレスの発散ができていなかったのでしょうね。仕事は好き、でも子育てと家庭と、そして仕事でいっぱいいっぱいの時でした。体調管理も大切な仕事の一つ。責任感に欠けていたなと、今思い返して再び反省。

一人営業となった今、そして、50代後半になった今、一番気を付けているのが体調管理です。だって、わたしが体調を崩せば、その間は店を閉めなくてはならないでしょ。死活問題です。

仕事と好きなことを結びつける作戦で元気に

では、最近のわたしが毎日元気に店を開けて、楽しく仕事をするために気を付けていることは何か。寝る（ちょっと不足気味）、食べる、飲みすぎない、ストレスをためない、いちいち悩まない……

あれ？普通ですね。真面目なサラリーマンのウィークデーって感じ。でも、この〝普通〟が若い頃はできていなかったのでしょうね。不器用で走りっぱなしでした。そうだ、そろそろ急行から鈍行に乗り換えてもいいんじゃないかな？そう思えてからは、精神的な元気（心の掃除）をとても大切にしています。仕事の犠牲になっちゃダメ。仕事で頭も体もいっぱいいっぱいにしないことです。

じゃあ、どのように仕事と共存したらいいのでしょうか。仕事を味方につければいいのです。

で、わたしが実践していることは、仕事と好きなこと（楽しいこと）、または、仕事と好きな場所をくっつけちゃう作戦。これは、仕事を決める大きなポイントにしています。

例えば、わたしはパリが大好き！年に一度はパリの空気をいっぱい

休日の昼間、ちょっとでも“隙間”ができたらコレ飲んじゃう

海を見たら飛ぶよねー。本人１メートルは飛んでるつもり

吸いたい。ならば、どうやって仕事に結びつけようかと考え、一昨年からアンティークのバイヤーをしている友人と年に一度、パリの蚤の市などで買い集めたものを店に並べて、蚤の市を開催しています。これがなかなか好評。

また、今までなんとなく避けていたイベントの出店や地方に出向く仕事も、やってみたらすごく楽しいではないか！　この場所に留まっていたら会えないお客様や同業者に会える。それをとても喜んでくださる方々がいる。なんてしあわせなことでしょう。

店を経営していると（かつ、一人営業）、自分の店を閉めてイベントに参加するというのは、なかなか勇気がいります。店を開けている方が儲けはあるかもしれない。出向くということは、出費もかさむから。でも、みなさんが喜んでくださって、わたしもその何倍も元気をいただきます。また、点と点がつながって、次の楽しい仕事の依頼がきたりして、ワクワクすることもたくさん。この年はいっぱい外に向かいました。与える元気といただく元気がトントンの今のいい状態を、ずっとキープできたらなと思います。

来年からの目標は体のメンテナンス

毎日元気に楽しく仕事をするの

月に一度のオトナの朝活。ワインとクロワッサン

は、若い時よりもはるかに上手になりました。時間も頭の中も〝隙間〟をつくるコツを掴んだのかな？　隙間ってとっても大切よ。

ふと気づくと、30代半ばで店を始めて、あっという間に50代後半。終着点も向こうの方に見えてきました。そろそろ、今まで〝頑丈〟に甘んじて怠っていた体のメンテナンスを真剣に始めないとなぁ……。最後まで元気に仕事を続けるための体のメンテナンス。よし、これからしっかり始めよう！

大好きなパリで、いつまでも食いしん坊の暴飲暴食ができるようにね。

No.21

最も効果的な集客ツールは、お客様の“声”だ！

オープンした当初は何のPRもできず……

集客のためには店のPRが必要不可欠。とは言っても、わたしはPRが下手です。どちらかというと苦手です。今でこそ店のPR方法（手段）はたくさんあると思いますが、ロッタをオープンした20年前は、チラシをつくって最寄り駅で配るとか、近所にポスティングをするということぐらいしか思い浮かばなかったな。

オープンしたばかりでお客様の来店がまだ少なかった頃、「家賃は払えるのか」「スタッフの給料は遅れず払えるのか」と、いろいろ不安になりました。当時のスタッフと真剣に「チラシをつくって駅前で配ろっか？」と考えたほど。実際にはチラシをつくるセンスがないからつくらなかったけどね。

「集客に効果があるネオン管の看板を取り付けませんか？」「サイト（有料）に載せませんか？」という営業の電話もしょっちゅうかかってきたっけ。そんな時代でした。

同業の友人たちからは「かおりさん、フェイスブックをやらなきゃダメだよ」とアドバイスされたことも。「そうなんだぁ」と何度説明してもらっても、仕組み

（メリットとデメリット）がまったく理解できず、それも断念。わたしっぽくもないし。

来店してくれたお客様の口コミが一番効果的

　では、どのような方法で集客のためのPRをしてきたのか？　PRと言えるのかわかりませんが、一番効果的な集客手段は、来店してくださったお客様の〝声〟だとわたしは確信しています。これはどういうことかというと、いいお店に出会うとみんなに教えたくなるでしょ？「美味しかったよ」「店員さんが感じよかった」って。これが「今度一緒に行こうよ」につながるのです。お一人で初めて来店された方が、次に友達や恋人を連れて来てくださったら、心の中で「よしっ」と飛び跳ねています。きっと、その方たちがまた大切な人を連れて来てくれるから。スピード感はないかもしれませんが、急にパーッと人気店になるより徐々に……がいい。

　でも、まずは〝最初の一回〟を来てもらわないといけないですよね。

　オープンして数年が経った頃、続々とできる新しいカフェを紹介する本（いわゆるカフェ本）が多

20年間の掲載誌は老後の楽しみに大切にとってあります

く出版されました。ロッタもたくさんのカフェ本で紹介をしていただき、「本を見て来ました」というお客様が増え、その影響はとても大きかったです。次から次へと来るカフェ本の取材は、当時は全て受けていたなぁ……取材依頼の電話やメールの対応に追われる日々でした。これも、まずは一回足を運んでもらうための大切なツールだったのです。

今？　今はしっかりと媒体を選んでいますよ。媒体によってはイメージがマイナスになってしまうこともあるので。

では、現在の店の情報発信方法は？　2014年から続けているインスタグラムだけです。これで、店のPR、告知、時々わたしのことを伝えています。ここから新しい仕事へ発展することもしばしば。マイルールは「一日一投稿」(目標)。いただいたコメントは交流のための大切なツールなので、80%は返す。そして、一番大切にしているのは、カフェはホッとしていただく場でありたいと常日頃から思っているので、見てくだインスタグラムには「ほっ」とすることを書きたいな。
朝の一杯のコーヒーのように

さった方が不愉快になるようなことは書かない。できれば日常のクスッと笑っちゃうぐらいの出来事を。「ロッタに行ってみたいな」「店主に会ってみたいな」と思っていただけたらいいなと考えて続けています。実際、お会計の時に「インスタグラムを毎日楽しく見ています」と、多くの方がお声をかけてくださいます。

わたし自身も店選びは身近な人の〝声〟を参考に

ちなみに、わたし自身がどこかの店を利用しようと思った時、何から情報を得ているか？　今は流行の店をすぐに探せる便利なグルメサイトもありますが、やはり間違いがないのは、友人たちの〝声〟です。

最近、カフェの開業が昔より身近になっている反面、残念なことにとても移ろいやすいところがあると感じています。ただおしゃれがウリのカフェは、すぐに「よくあるカフェ」と言われるようになってしまいます。ブーム（好きでない言葉）が去っても残っているカフェには、素敵な店主がいたり流行に左右されないオリジナルがあったりする。オリジナルというのは、決して新しいものがいいというわけではない。ずっと同じメニューをつくり続けているのも本当に素敵なこと。流行のメニューはいつか（すぐ）飽きられる。バーッと流行っていつの間にか忘れられてしまったメニューって、今までにたくさんあるでしょ？

だから、流行を追うようなグルメサイトの口コミはわたし自身まったく興味がないし、店探しの時の参考にはしません。「えー！行ってみたい」「それ食べてみたい」と思うのは、身近な食いしん坊の友人たちの声かな。うん！　やっぱり一番正確で一番厳しい情報源（＝PR）は、お客様の〝声〟ですね。

さっ、今日もいい店にするために真面目に頑張ろう！

カフェロッタの人気メニューレシピ5

カフェ・オ・レ

みなさんから『ロッタちゃん』とよばれるカフェ・オ・レは、季節を問わず人気者。わたしは一体何万杯『ロッタちゃん』を描いたのだろうか……。「かわいすぎて飲めなーい」と言っても残す方はいらっしゃらないよ♡

〈材料〉(1人分)
エスプレッソ…60ml
牛乳…………125ml

〈つくり方〉
1. あたためたカフェ・オ・レボウルにエスプレッソを抽出する。
2. 銅鍋に牛乳を入れて弱火にかけ、まわりから小さな泡が出るぐらいまであたためる。
3. 2を手動式のミルクフォーマーに移し、数回ポンピングしてきめ細かなフォームドミルクをつくる。
4. 3を静かに1の中央へ注ぐ。
5. ボウルの大きさに合った絵柄が描けるよう、竹串の太い方でエスプレッソをすくい取り、中心より手前側に目、鼻、口を描く。
6. ほっぺに3点のそばかすと前髪を順に描く。

基本形のロッタちゃん

ありがとうロッタちゃん

横分けのロッタちゃん

くせっ毛のロッタちゃん

めがねのロッタくん

おさげのロッタちゃん

カフェロッタの人気メニューレシピ6

ゴルゴンゾーラのチーズケーキ

コーヒーはもちろんのこと、白ワインとも相性バッチリ♡ロッタでは盛り付けの際に生クリームに黒胡椒をガリガリして提供しています。大人気のケーキで、通称『焼けば焼くほど赤字になるチーズケーキ』と呼ばれています。

〈材料〉
(直径15cm丸型・底の抜ける型がおすすめ)

●土台
全粒粉のクッキーなど(ロッタではココナッツサブレを10枚使用)……………………約55g
バター(食塩不使用)……………………30g
くるみ(トースターで空焼きする)……40g

●フィリング
クリームチーズ……………………170g
ゴルゴンゾーラ……………………70g
A　砂糖……………………95g
　全卵……………………1 ½個
　卵黄……………………1個分
　はちみつ……………………大さじ1
　コーンスターチ…………大さじ1 ½
　生クリーム……………………110g
ミックスナッツ(ロッタではカシューナッツとくるみを使用)……………………適量

●トッピング
生クリーム、粗挽き黒胡椒

memo
・土台をいったん冷蔵庫に入れてバターを固めておくと、ケーキをカットした時にポロポロになるのを防ぐことができます。冷やしている間に生地をつくれば、作業性もアップします。
・トッピングのナッツは、少々焼き色が濃く付いた方が美味しそうに見えます。実際に美味しいです。

〈つくり方〉
1. クリームチーズとゴルゴンゾーラは室温で柔らかくし、型には紙を敷いておく。
2. 土台をつくる。クッキーと空焼きしたくるみをビニール袋に入れてめん棒で細かく砕く。電子レンジで溶かしたバターを加え、手で袋の上からもんで均一になるまで完全に混ぜ合わせる。これを型に敷き詰め、コップの底などを使ってぎゅうぎゅうに平たくし、冷蔵庫で冷し固める。
3. オーブンをあたため始める(170℃)。湯を沸かしておく。
4. 1のクリームチーズとゴルゴンゾーラをボウルに入れ、Aを順に加えて、そのつど泡立て器で混ぜ合わせていく。
5. 2を冷蔵庫から出して4を流し込み、表面にミックスナッツをトッピングする。
6. 底の抜ける型を使う際は、水が入らぬようホイルで型の周囲を包んでから天板にのせ、熱湯を天板に注ぎ、170℃で約60分湯煎焼きする(この時やけどに注意!)。温度と焼き時間はオーブンに合わせて調整してください。
7. 粗熱が取れたら型からはずし、冷蔵庫でしっかり冷やす。
8. 1人分ずつ切り分けて器に盛り、八分立てにした生クリームを添えて粗挽き黒胡椒を挽きかける。

カフェロッタの人気メニューレシピ7

カプチーノ

ロッタの運命を変えた一杯のカプチーノ。どんなにオーダーがつまっても一杯一杯ミルクをあたため、一杯ずつシャカシャカする。これが失敗しない秘訣です。

〈材料〉(1人分)
エスプレッソ……………………………………30ml
牛乳……………………………………………100ml
ココアパウダー、シナモンスティック……各適量

〈つくり方〉
1. あたためたカップにエスプレッソを抽出する。
2. エスプレッソの上からココアパウダーを振る。
3. 「カフェ・オ・レ」と同じく、銅鍋であたためた牛乳できめ細かなフォームドミルクをつくり、2の中央へゆっくり注ぐ。
4. 竹串の細い方の先でエスプレッソをすくい取りながら、カップの中心より手前側に目、鼻、口の順に描く。舌を出して口角を上げ気味に描くのがポイント。
5. さらにほっぺを描き、カップの奥に髪の毛を描く。シナモンスティックでかき混ぜて、香りづけしてください。

カフェロッタの人気メニューレシピ8

アイスミルクコーヒー

お客様にご自分で好みの割合のアイスカフェオレをつくっていただきます。アイスコーヒーでつくった丸い氷は見た目にもかわいくて、お客様が笑顔になること間違いなし♡

〈材料〉
アイスコーヒー(無糖)…適量
牛乳……………………適量
お好みでガムシロップ

memo
氷がコーヒーなので時間が経っても薄まらず、最後まで美味しく飲めます。

〈つくり方〉
1. 前日からアイスコーヒーで氷をつくっておく(この時、丸い氷のできる容器を使うといい)。
2. ミルクピッチャーとグラスを10分ほど冷凍庫に入れて、キンキンに冷やす。
3. 2のミルクピッチャーに牛乳を入れ、グラスには1を入れてアイスコーヒーを少量注ぐ。ガムシロップを添え、お好みで入れて飲む。

SRI LANKA

心を豊かにしてくれる「スリランカ」の旅

か、かわいい！と思わず声が

「スリランカってどこ?」から始まった旅計画

旅のきっかけは、インド通の友人の一言。「かおりさんさぁ、アジアの中で比較的治安がいいし、スリランカは好きかもよ」と。「バワ建築のホテルとかきっと好きだよ」とも。へ〜、スリランカってどこにあるの？（お恥ずかしい）、バワって誰？から始まった旅計画でした。知れば知るほど魅力に引き込まれ、「見てみたい」「感じたい」「行かねばー！」となったのです。

日本から直行便を利用し、約9時間のフライトでコロンボに到着。空港を出た途端、

初シロダーラの感想はムズムズっ

目に飛び込んできたブーゲンビリアのピンクと、スパイスの混じり合ったような香りに、直感で「わたしこの国好き！」と思いました。

　初めての国に行く時は、1泊目が重要。わたしたちは(ママ友3人との日々お疲れ様の旅でした)空港からほど近いニゴンボにある、日本人建築家がオーナーのゲストハウス『マンゴーハウス』に宿泊。全5棟のヴィラタイプで、滞在費がリーズナブルなのにホスピタリティは最高、アットホームで緊張の糸がゆるっとなりました。日本語がペラペラのスタッフ・カウンダさんに夕方連れて行ってもらったサンセットの美しさと迫力は、一生忘れないでしょう。次にスリランカへ行く機会があったとしたら、またマンゴーハウスからスタートするのは決まりだわ。

本場のアーユルヴェーダとバワの世界を堪能

旅の目的の一つだったアーユルヴェーダについてちょこっと。現地で聞いたところによると、アーユルヴェーダとはインド大陸の伝統医学であり、病気の治療と予防だけでなく、よりよい人生を目指すものである……とのこと。1回受けたから身体が元気になるというものではなく、国家資格を持ったアーユルヴェーダ医師の元、最低でも1週間、2週間、3週間と治療していくのが本来だそう。

紹介された『ジャスミンヴィラアーユルヴェーダリゾート』には、旅行者用に3時間コースがありました。下着もすべて脱ぎ、〝脳のマッサージ〟とも言われるあのシロダーラから始まるプログラム。あたためたオイルを額の中心に垂らしていくシロダーラは、チャクラ（第三の目と言われる額の中心）をゆるめる効果があるそう。初シロダーラの感想は、額と足先がムズムズっとする感じ。セラピストさんの手による全身オイルマッサージは気持ちがよく軽い眠りに。スチームバスでたっぷりと汗をかき、最後に甘いフルーツをいただいて終了。スッキリというよりは心地よい疲労感。これでなんと3000円以下！　コスパ最強よ。旅の間にもう一回受けたかったな。

そして、もう一つの旅の目的が、建築家ジェフリー・バワの世界を見ること。最後の2泊はバワの理想郷、バワの魂が眠るルヌガンガに宿泊しました。全6部屋でテレビもない、Wi-Fiもつながらない。1800平米の広大な庭にはあちらこちらに椅子が配置され、牛、猿、イグアナ、鳥、リス、マングースが共存し、美しいシャンデリアには鳥が巣をつくっている。

市松模様の床、アンティーク品の数々、洗練されたインテリア。天蓋付きベッド。どこを切り取ってもバワの哲学を感じ、ドラマチック。『ザ・ハウス』でキャンドルライト

1

2

3

4

5

6

7

8

1. ルヌガンガの広大な庭の大きな木の木陰に、建築家ジェフリー・バワは眠っています　2. マンゴーハウスのカウンダさん。朝、各部屋を回ってミルクティーを淹れてくれます。惚れちまう　3.Lunuganga（塩の川）バワの黒の使い方にハッとさせられます　4. わたしが泊まった部屋。天蓋付きベッドでお姫様気分。出たり入ったり……　5. アーユルヴェーダでオイルまみれ　6. シーギリヤ・ロック。巨岩の頂に広がる空中宮殿。ぜひサンセットに合わせて！　7. 朝も昼も夜もカレー三昧　8. ジャックフルーツはカレーに入れると芋っぽい食感になるんだと。カレーに入れることにビックリじゃない？

1

2

3

4

5

6

1. 帰国前の最後の食事も、もちろんカレー。カレーで始まりカレーで終わる旅　2. スパイス屋さん。おじさんが持っているのは枝じゃなくてシナモンね　3.スリランカ式ヨーグルトのカード。素焼きの器が水分を吸ってくれるそう　4. アンティーク屋さん巡りもこれまた楽しい。安い！ 5. ワンコ　6. 国道 1 号線はお土産屋さん街道

の下でいただくディナー（もちろんスリランカカレーね）は評判通りに美味しく、見上げた夜空にはダイヤモンドをバラまいたような星々が輝いている。この深く美しいディナーの時間を、わたしは永遠に忘れないであろう。

アルコールがなくても？
スリランカが大好きに

わたしが見て聞いたスリランカの食事情。紅茶の国だけど、どんなに暑くてもアイスティーは飲まないんだって。コーヒーについては、実は昔コーヒー豆の生産国として有名だったそう。コーヒーの木が「さび病」という名の病気で全滅してしまってから紅茶栽培に切り替わったという、悲しい過去があります。

朝食で出される〝カード〟って食べ物は何？　水牛の乳でつくったスリランカ式ヨーグルト。これにキトゥルパニ（孔雀椰子の花蜜からつくられた天然甘味料）をかけていただく。わたしはちょっと苦手でした。ほら、牛乳嫌いだから。

アルコールは……街のレストランでも日本のように当たり前にはありません。宿泊したホテルでさえビールもなくて（おいおい。カレーにはビールでしょ！）、トゥクトゥク代を支払って買いに行ってもらっちゃったほど。大きなスーパーでもビールを買おうとすると別コーナーがあり、対面で購入するシステム。それもほぼ常温。酒好きのわたしにはちょっとドキドキする不便さがありました（笑）。

最後に、スリランカ人の一番の魅力は？　スリランカ人の人柄のよさといっても過言ではない。人懐っこくて素直で気さくで、笑顔がキュート。そして、たっぷりの自然。鳥はさえずり、イグアナが道をノソノソと横切る時は車を止め、牛が草をムシャムシャと食べている。この環境は、きっとずっとあのままなのだろう。

旅って本当に大切。心を豊かにしてくれる。

あ、最後にアドバイスね。世界遺産のシーギリヤ・ロックに登ると、5日間は辛い筋肉痛に悩まされます。そして、帰国の際、空港には3時間前に着くことをオススメします！

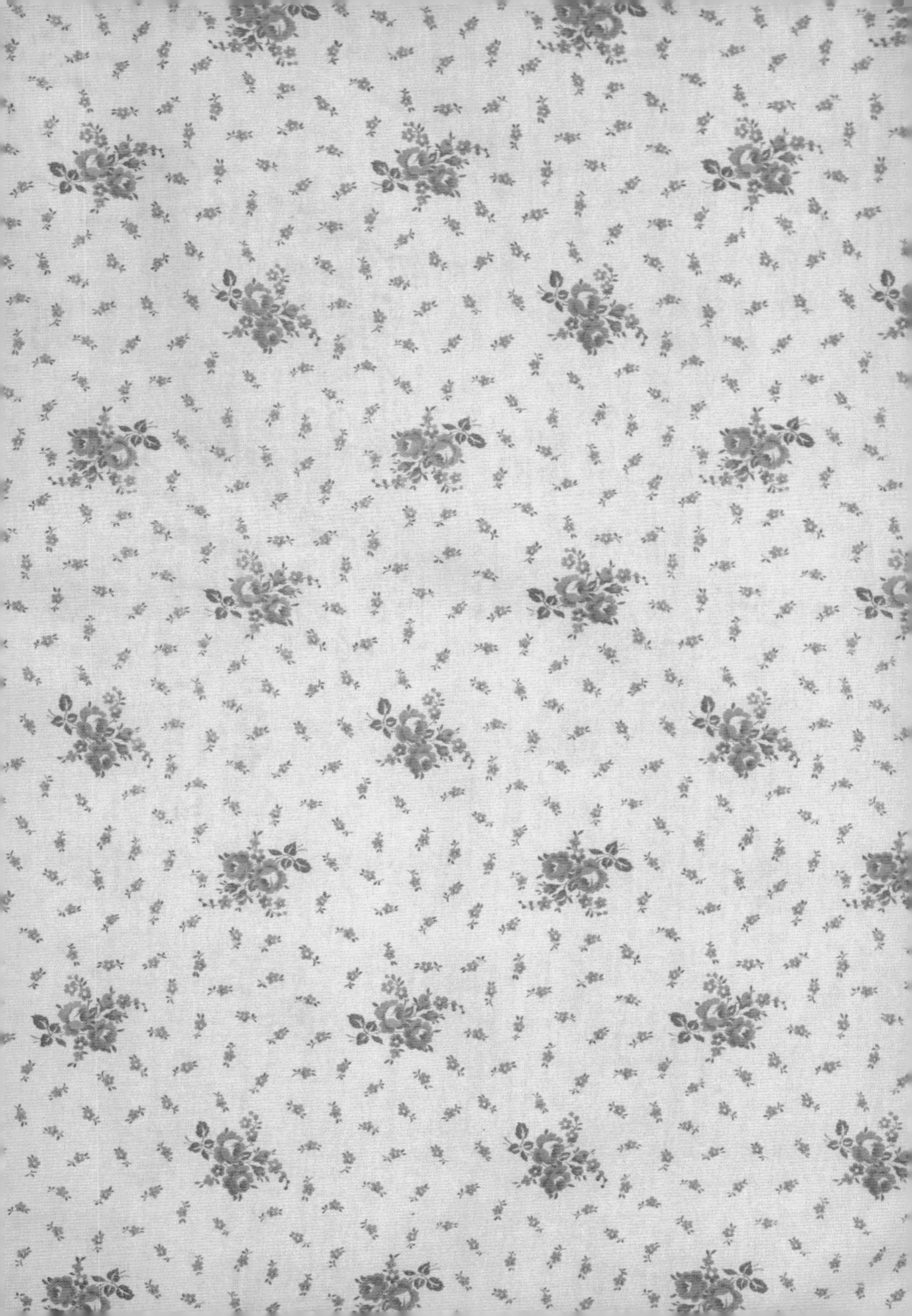

chapter 3

カフェの仕事をする上で、
自分が心豊かに暮らすって
とても大切

N°22

夫婦で店を切り盛りする「レアな」正月営業

週末お手伝いのママ友にもさすがに正月は頼めない

前に年末年始の営業のお話を書きましたが、一人営業になった現在はお正月だけ店を開けています。

一人営業に形態を変えたと言っても、週末のような繁忙日に一人で店を切り盛りするのは到底無理です。お客様に大変な迷惑をかけてしまいます。それで、週末だけは息子たちが小中高生だった頃からのママ友に店を手伝ってもらっています。一人で週末アワアワしていたわたしを見かねて、「週末だけでよかったら手伝おうか?」と申し出てくれたのです。もう女神が現れたかと思いましたよー。彼女の本業は栄養士なので、安心してキッチンを任せられる。わたしは接客・ドリンク・デザートの盛り付け・会計全般を。とってもいいコンビです。

しかしねー、さすがにご家族のいるママ友に「年末年始も働いて」とは頼めません。本当は主婦が忙しい年末ギリギリまで働いてもらうのも心苦しいぐらいだもん。「年末だけなら大丈夫だよ」というやさしさに毎年甘えちゃうけど。

桜井家のお雑煮は具だくさん

営業しなきゃもったいない！夫が助っ人に名乗り出る

では、現在どのようにして年末年始の営業をやりこなしているのか？

以前にも書いた通り、ロッタのある場所は神社からほど近く、お正月の三が日は新年の参拝客で大賑わいする商店街の中にあります。年末も買い出しをする人でごった返すので、スタッフがいた時には大晦日まで通常営業をしていました。そして、スタッフと数時間だけ帰宅して元日から営業、というスタイルでした。

そんな場所にありながら年末年始に営業しないのは、やはりもったいない。客数も売り上げも、一年を通して一番いい時です。夫も同じ意見で、「自分の店は休みだから、三が日だけなら僕も手伝うよ」と言ってくれ、**「ならば」**と営業を再開したのです。

ただ、以前やっていた営業スタイルは、さすがに辞めました。理由は単純で、わたしが歳をとり体力的につらくなってきたことと、日本人らしく家のこともちゃんとしたくなったから。大掃除とかおせちづくりとか、小豆を煮たりとか。

ここ数年は、カレンダーにもよりますが、年末は大晦日までの3日間ほど休みを取ることにしました。その間、夫は長野の実家へ帰ります。そして、わたしはひたすら主婦業に専念。年末の買い出しと大掃除。

大晦日には夫も東京へ戻り、家族でテレビを見ながら笑って年越しそばを食べ、除夜の鐘が鳴り始まる頃、みんなで近所の神社へ初詣に出かけます。

そして、そのまま空がまだ暗いうちからひんやりと寒い店内でケーキを焼き、仕込みを始めます。

夫婦で店を営業するのも
たまにはいいもんだ

元日の正午、新年最初の扉を開けます。

仕事の分担はこんな感じ。夫はコーヒーを淹れ、あとはひたすら食器を洗う係。わたしは接客とドリンクから調理全般。それはそれは一日中大忙しで、もちろんお昼ご飯は抜き。夫婦だから仕事がやりやすいのかやりにくいのか（?）よくわかりませんが、閉店時間を迎える頃には夫婦揃ってクタクタです。

正直、体力的にはかなり厳しい

店の招き猫、毎年ちょっとずつ大きく成長しています

ものがありますが、それでも夫婦で働くレアな姿を楽しみにしてくださっている方や（みなさん面白がって写真を撮られる）、「新年最初のコーヒーはロッタさんで、と決めているんです」「家族で初詣の帰りにロッタさんに寄るのがここ数年のお決まりコース」なんて言われちゃうとね、クタクタになりながらも頑張った甲斐があるもんです。「あぁ、みんなみたいにお正月はゆっくり家で映画観たり食べたり飲んだりゴロゴロ寝たりしたいな」と正月営業を辞めることも何度も考えましたが、ここまできたら辞めにくいです。そんな嬉しいことを言ってくださるお客様が一人でもいる限り。

そうは思っても、こんな慌ただしい体力勝負のお正月営業、あと何回わたしたち夫婦はできるのだろう……。いつか辞める時が来るまで、お互いのお尻を叩き、人参ぶら下げて「たまには夫婦で店をやるのもいいもんだね」と笑いながらお正月営業を頑張りたいと思います、夫婦でね。

N°23

店から飛び出して外部イベントに参加する

種まきの年にしようとイベント参加を開始！

イベントは参加するのも企画するのも好きなのに、スタッフがいた時は、店以外のイベントには全く参加しませんでした。その理由は、日々の仕事でいっぱいいっぱいのスタッフたちに準備などの手間をかけさせたくなかったことと、イベントの内容の説明と指示が面倒だったこと、あとは人件費の負担も大きかったからです。

現在は、仕事の選択もその責任を負うのも全て自分。一人営業にもようやく慣れてきて、仕事のペース配分もできるようになり、

地方に行ったらそこの地のおやつが食べたい。両棒餅（鹿児島県）

２０１９年の年初に「この一年は外に飛び出そう」「みんなに会いに行こう」と、何かが降りて来たかのように急に思ったのです。〝種まきの年〟にしようと。すると、わたしがイベントに前向きな気持ちになるのを待っていてくれたかのように、たくさんのお誘いをいただきました。

お金儲けではない目的はいい仲間との交流

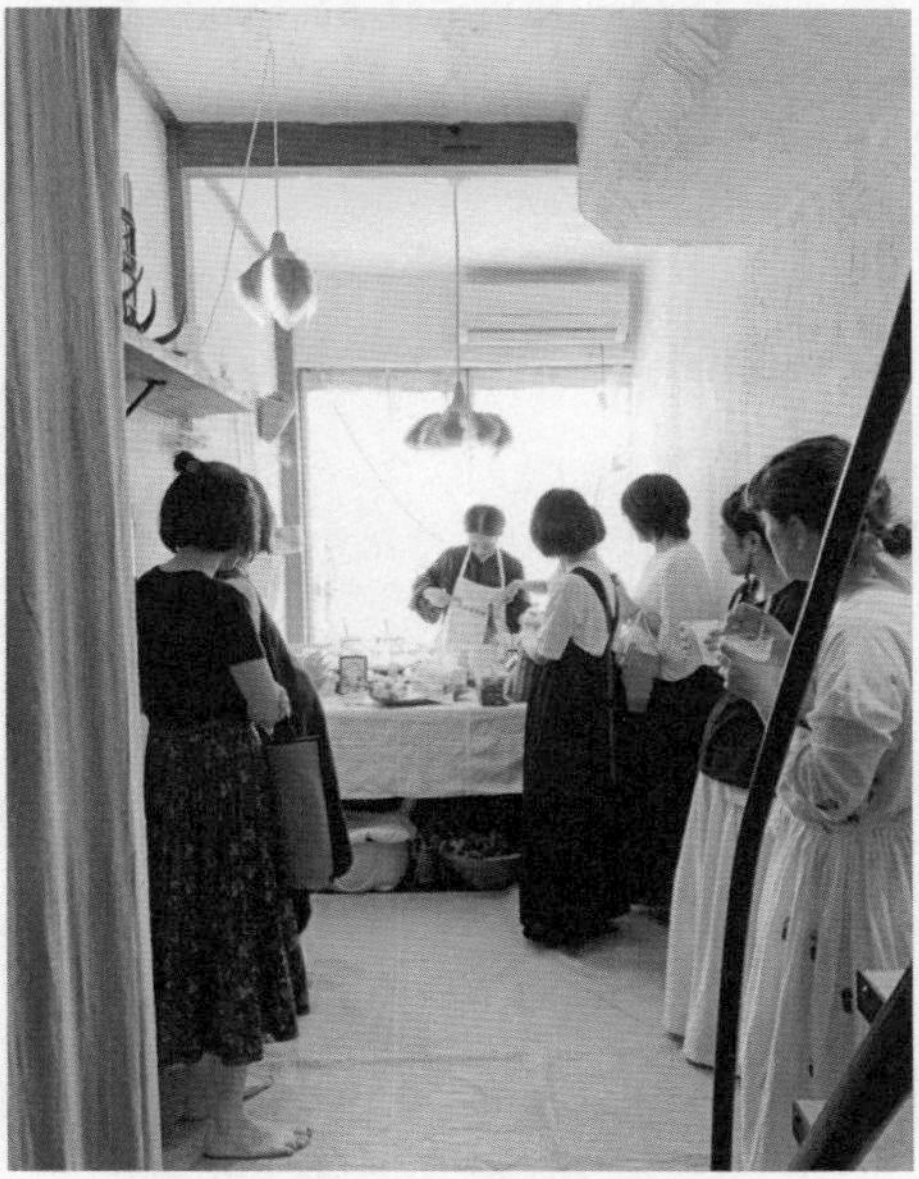

タイトル『ボンジュールかごしま！』

お誘いを受けるか否かは、わたしがときめくかどうかがポイントです。イベント参加による儲けなどの計算は全くしません。本来なら、仕事を受けるのなら儲けないといけないのでしょうが。

そのよい例が、昨年、鹿児島のとあるショップで開催した小さなイベントです。声をかけてくれたオーナーである彼女との出会いは、わたしのインスタグラムでした。彼女の投稿がとても愛があって素敵で、彼女もわたしの投稿を見ていてくれて。その彼女が「気が合いそうだ」（笑）と勇気を持って、イベントに声をかけてくれた

『ハグオーワー』20周年記念イベントで
ドリンクサービス。なんと息子と！

のです。お会いしたことはなかったけど、もう嬉しくて二つ返事でOKしましたよ！　ときめいたからね。

　わたしが鹿児島に出向いてイベントに参加するなんて、飛行機代、宿泊代、その他諸々を考えたら全く採算性なし。同業の夫からも「それって……」と嫌みを言われましたが、鹿児島のお客様が楽しみに待っていてくれて喜んでくださったから、それで十分やった意味はあります。何より、気持ちのいい仲間との出会いと、いい時間を共有できたことが大きな収穫なのです。

「東京からはるばるかおりさんが来るのなら……」と、夕方からはワインを飲みながらのトークイベントの時間を設けてくれて。床にラグを敷き、丸く輪になって座って（わたしも）、ワインを飲みながらみなさんの質問や悩み相談を聞く形式。トークイベントというよりは座談会ですね。なぜか話題は男子の子育ての悩みを聞くコーナーになってしまいましたが、涙ぐんでくださる方もいて、わたしももらい泣きしちゃった。最後はみなさんと何枚も記念写真を撮り、一年後の再会を誓ってお別れしたのですが、その後、このトークイベントに参加してくださった何人もの方が東京まで会いに来てくれて、すっごく嬉しかったな。こういうことなんです、お金じゃないのです。もちろん、また会いに行きますよ！　呼ばれなくても。みなさんとの出会いのきっかけをつくってくれた彼女には感謝しかありません。

このイベント、反省点はたくさんありましたが、次回に活かせばいいのです。なかなか東京にはいらっしゃれない、地方に暮らすロッタのファンがいてくれるのなら、できる限りわたしから会いに行きたいな、と思うようになりました。

外部イベントはいわば「お礼まわり」

このイベント参加を皮切りに、この年はイベントのない月がなかったぐらい、たくさんの機会をいただきました。本当にありがたいことです。ただ、一人で店を営んでいるので、わたしが外部のイベントに参加するということは、その期間は必然的に自分の店を閉めなくてはなりません。「せっかく来たのに……」とお客様にはご迷惑をおかけすることにもなります。「なんかよくわからんイベントでしょっちゅう店を閉めているなぁ……」という印象になってしまわぬよう、ペースをわきまえる必要があることも経験で学びました。

ただ、こんな小さな店の店主にこんなすばらしい機会をいただけるのも、店を長く真面目にやって来たからこそ、そう感じています。20年間たくさんのお客様に支えられ、溢れるほどいただいたしあわせは、少しずつ恩返ししていかないとね。

あ、今ふと思ったけど、わたしにとってイベント参加はお礼まわりなのかな?

今は『ロッタちゃんのおでかけ』も始めました

No.24

道具は大切な“相棒”
自分のお気に入りを使うべし

銅鍋は見た目、使い心地ともに言うことなし！

道具はカフェを営業する上で欠かせない、わたしの大切な相棒です。まずは、何と言ってもロッタの稼ぎ頭（と呼んでいる）である『ミルクフォーマー』。カフェ・オ・レの注文が入るたびに出動。お客様から、または取材を受ける際にたびたび「どちらのものをお使いですか？」と尋ねられます。が、ブランドは不明。オープンして間もない頃、代官山にあったおしゃれなキッチン用品屋さんで購入したもの。日々の酷使による故障のため、何度か買い足したり買い替えたりを繰り返しながら、いまだに愛用しています。

ある時、いつものように買い足しにその店を訪ねると大変！　取り扱いが無くなっていたのです。もう**大事件**ですよ！　何たってうちの稼ぎ頭ですからー。仕方なく代用品をネットで探して何種

ミルクフォーマー。ロッタの稼ぎ頭さん、毎日お疲れ様です

類か購入してみたものの、うまくいかない。ミルクをシャカシャカする時の手の感覚というのがあって、うまく（美味しそうに？）ミルクが泡立たなかったのです。これには本当に困りました。ノーブランドなので探す術もない。その後、たまたま夫がネットで見つけて2個は購入できたものの、

20年選手。だいぶん育ってきたなぁ

それ以来、二度と出会えません。

困った……。そこから学んだことは、ストックの必要性でしょうかね（笑）。

先輩でもある夫からのアドバイスで、ホットドリンク（カフェ・オ・レのミルクも）のあたためには『銅製の雪平鍋（直径15㎝）』を20年間愛用しています。銅製の鍋ってお値段は張るけれど、お手入れ次第で長く使える一生もので、使い込むほどに愛着も湧いてくる。それに、オレンジに光る美しい見た目はまるで工芸品。熱伝導がよく冷めにくい、本当に見た目、使い心地ともに言うことなし。何度か床に落として変形しちゃったり、使っているうちに持ち手（木製）がグラグラとゆるくなったりするけれど、修理しながら大切に育てています。

安定感があり収納も便利なイタリアのグラス

ロッタでは季節を問わず白湯をお出ししています。使用しているグラスは、以前は『デュラレックス』を使っていましたが、現在はイタリアの老舗ガラスメーカーの『ボデガシリーズ』。円柱形のシンプルな形は安定感があっ

ボデガのグラスは価格といい、使い勝手といい、
言うことなし！ おまけにかわいい

て、お客様がグラスを倒すこともなくなりました。また、スタッキングができるという点も、このグラスを選んだ大きな決め手。ワインを入れてもいい感じだし、耐熱ガラスだからホットドリンクだっていけちゃう優れもの。白湯用には２２０㎖サイズを。アイスカフェ・オ・レには３７０㎖サイズを使っています。このボデガのグラスは、あまりに使い勝手がよいため自宅でも愛用しています。もっぱら夜のアルコール用にね。

身に付けるエプロン次第でやる気がアップ！

最後に『エプロン』について。わたし、誰もが認めるエプロンラヴァーです。わたしの中でいろいろな時代がありまして。白いリネン素材のエプロンしか使わなかった時代。かと思うと、急に色物のエプロンが使いたくなったり（これはパリの大好きなカフェの真似っこ）。パリに行くたび、人気のセレクトショップ『Merci』に立ち寄って、スタッフのエプロンを買って帰っていたっけ。一人営業になってからは、「エプロンでおしゃれしよう」とますますエプロン熱は上がりまして……。最近のお気に入りは、『ハグオーワー』のリバティの花柄エプロン。生地が軽いし薄いので、洗ってもすぐ乾く。何たってかわいい♡

エプロンって飲食業には必要不可欠のもの。ならば、身に付けるとやる気が俄然アップするお気に入りの一枚を使いたいと思いませんか？　いつか、いつか、エプロンのデザインもしてみたいなぁ……と企み中。

道具とは？

ものをつくったり、あるいは何かを行ったりするために用いる器具の総称、なんですって。

わたしが思う道具とは、仕事の大切な相棒。「とりあえず」と妥協はせず、お気に入りを見つけるべき。その方が断然仕事ははかどるし、気分もいいでしょ？

みなさんの愛用品（仕事の相棒）は何ですか？

カフェオレボウルを両手で包んで飲む仕草がたまらなくかわいいと思う

No25

アルコールを置く？置かない？
「カフェとお酒」の話

ロッタのケーキセットは白ワインも選べる

ロッタのケーキセットのドリンクは、コーヒーと紅茶の他に、同額で白ワインが選べます。「どうしてワイン（アルコール）も？」と聞かれると、答えは一つ。わたしがお酒好きで、逆の立場だったら、選んだケーキに合わせてアルコールを飲みたいなーと思うことが多々あるからです。酒好きだから、です。おやつの時間でも「このケーキはコーヒーじゃないなぁ」と頭の回線がお酒に直結しちゃうのです。それが休日だったらなおさら。

なので、オープン当初からメニューにはアルコールがありました。当時は「えっ、カフェなのにお酒が飲めるの？」と驚かれましたね。今ではカフェのメニューにアルコールがあるのはさほど珍しくはないでしょうが。ただ、ケーキセットのドリンクでアルコールが選べるのは、他店にはあまりみられないかもしれませんね。

オーナーの考え方次第で数種類だけ置くのもアリ

では、どれくらいの割合でアルコールの注文が入るのか？　はっきり言って多くはありません。でも、アルコールがあることを喜んでくださるリピーターのお客様も少なくありません。特に女性のお客様。週末の真昼間、女性お二人連れのお客様が「わたしはビール」「わたしはワインにします」なんて注文なさると、ついつい「いいですね～」と心の声が出ちゃいます。

パフェを待っている間に白ビール。
いい待ち時間の過ごし方

　ロッタで大人気の『ゴルゴンゾーラのチーズケーキ』（別名、焼けば焼くほど赤字になるチーズケーキ）には、ぜひワインを合わせてほしい。マリアージュ♡　なので、このパターンの注文が入ったら心の中で「やったーー！」とお客様とハイタッチしていますよ（笑）。

　結局、わたし自身が甘いものにお酒を合わせる〝グセ〟があるのでしょうね。特に、旅先（海外）のカフェだったら、かなり高い確率で夏ならビールを、冬ならホットワインを合わせちゃう。

　ではでは、実際にカフェにアルコールを置くべきなのか？

　それはもうオーナーさんの考えでいいと思います。アルコールは保管場所もとるし、何よりアルコールを置くことで得られるメリットは、はっきり言ってさほど感じられないので。もしアルコールを注文なさっても、さすがにカフェで何杯もお代わりをする方はごく稀なので、売り上げアップにも集客にもつながりません。

ただ、「休日だしちょっと飲みたいな」というお客様のニーズには応えられると思います。ですから、アルコールをメニューに入れるとしても、品揃えは多くなくていいでしょうね。ちなみにロッタは店主（わたし）の好きなものを置いています。まず**ビール**でしょ、キリリと冷えた**白ワイン**（ハウスワインで十分）でしょ、あとはあとは最近プライベートでも好んで飲む**ハイボール**（ちょっとクセのあるラフロイグやボウモアあたりがケーキに合います）。一杯の価格も、気軽に注文できる800円前後が妥当でしょうか？　あくまでもカフェですから。

ビールを飲み干して帰る粋なおじいちゃん

そうそう、最後にいつも瓶ビールを一本注文する素敵なおじいちゃんのお話をちょこっと。このおじいちゃんは「いつものやつ」と注文なさって、グラスにビールをトクトクトクと音よく注いで一言も話さず美味しそうに一本飲み干すと、代金をぴったりテーブルの上に置いて帰られるのです。それが本当にかっこよくて（ただね、手にいつもお薬が入った白い袋を持っているのが気になるとこ。きっと定期検査の帰りで、ビールはご家族に秘密なのかな？と想像しています）。

わたしもおばあちゃんになったら、このおじいちゃんの真似をするんだ！と決めています。カフェで瓶ビールを一本クーッと飲み干して、サッと帰っていくおばあちゃんに。できれば「あなたもお仕事終わりに好きなものを一杯飲みなさいね」と店主のお酒代を置いて帰るような……ね。

休日の３時。
プリンに白ワインって合うのよね〜

夏のparis。
カフェのテラスで飲むビールは格別です

paris。『Cravan』では真昼間から堂々と
カクテルがいただけます。このカクテルの
名前はYELLOW

休日の３時。レモンケーキにも
白ワインって合うのよね〜

№26

キッチンの音やお客様の会話は、カフェの素敵なBGM

常に音楽をかけていても あまりこだわりはなく……

カフェと『音楽』について書こうかしら。といっても、わたしは音楽に大変疎いです。

朝起きた時、仕事から帰ってきて夕食を急いでつくる時、一人の時間、習慣のように無意識に音楽（CD）はかけますが、いったんセットしたCDを繰り返し聴いている、という人です。そんなわたしが『音楽』について語るなんて、とも思いますが、わたしのようなオーナーさんもきっといるはず。

お店をつくる時、家電量販店でCDが5枚セットできて音楽が順繰りにエンドレスにかかる機材（?）を購入しました。スピーカーも音にこだわって選んだのではなく、内装屋さんに言われるままに購入して、天井に設置してもらいました。わたしも同業の夫も、店づくりで『音楽』にはさほど重点を置いていませんでしたから。「音楽がかかっていないとやっぱり寂しいよね?」程度です。

居心地のよさを考えて 〝音量〟には気を配る

では、BGMにはどんな効果があるのでしょうか。居心地のよさ、でしょうか。だとすると、選曲はもちろん重要ですが、音量も気を付けないとなりませんね。心地よい音量……小さすぎてもお客様が友達と話しづらいでしょう。また、逆に大きすぎてもお客様の会話の声がどんどん大きくなりがち。一人でゆっくり考え事をしたいお客様、本を読みたいお客様にとっても、雑音になってはいけません。わたしにも経験があります。ゆっくりと原稿を書きたいのに、BGMの音が大きすぎて耳がついつい音を拾ってしまい、文章がまとまらない。その店にはもう二度と行きません。わたしにはちょっと音がヘビーでした。

ロッタでは、オープンの時間と少し暗くなってくる時間、または平日と週末、客層で若干ボリュームを変えています。席に空きがある時間帯は音楽が目立つ（耳立つ？）ので、お客様が寂しく感じない程度にボリュームを下げ、おやつの時間、または週末は店内が賑やかになるので、それに合わせてすこーしボリュームをアップします。マメならそこで曲も変えればいいのでしょうがね。

スピーカーは20年選手。
こんな長い付き合いになるんだったら、
もっと丁寧にペンキを塗ってあげれば
よかったな

客席のガヤガヤ感が一番のBGM

こだわりを持った音楽は、お店の雰囲気をガラリと変える効果もあると思います。

以前、夏にシックなハワイアンをかけていたことがありました。すると、お客様から「なんかハワイにあるようなカフェですね！」と。インテリアはハワイのイメージから程遠いので、「へェ〜」と思いました。それからはいろいろとわたしの流行がありまして、ボサノヴァだったりジャズだったり。女性の声にこだわったりピアノだけだったり。今は友人の手がけた音楽が好きで、それを店でも自宅でも繰り返しかけています。

業種は全く違うのですが、20年間ずっとお世話になっている美容院の例を。3週間に一度の頻度で訪れるのですが、店内でかかっている音楽が行くたびに違うのです。「どうしているのですか？」と聞いたところ、同じCDを一ヵ月間かけ続けて、ひと月ずつ処分するんですって。美容院に来るお客様はだいたいの方が一ヵ月ペースだから、毎回BGMが違うのはそんな仕組みだったのです。なるほど〜と思いました。

店のBGMって『音楽』だけじゃないですよね。キッチンからの作業音も、時にはいいBGMになります。豆を挽く音、生クリームを立てるミキサーの音、タイマーの〝チン〟という音、食器を洗うカチャカチャという音。オーダーを通す時の声もそう。ロッタにスタッフがいた時には、オーダーが入ったらキッチンの人は「はい!」という返事をするよう指導していました。「はい」は気持ちのいい『音』だから。

でもね、何より一番素敵なBGMは、やっぱりお客様が楽しげに会話をする声だとわたしは思います。客席の楽しそうなガヤガヤ感をキッチンで聞いていて、「なんだかパリのカフェみたいだわ」と一人、妄想して酔いしれています♪

オープンして2～3年の頃かな?
当時のスタッフがロッタをイメージして編集してくれたCD。今聴くと泣ける

No.27

店主。いったい誰に似たのかおしゃべり大好き♡

わたしたちと同じ
カフェの道を選んだ長男

わたしが誘ったカフェのコーヒーをきっかけに……

わたしの長男は現在、金沢でカフェを営んでいます。1996年、桜井家の長男として大和《やまと》は生まれました。小学1年生から中学卒業までは野球馬鹿で、寝ても覚めても頭の中は野球（ちなみにポジションはキャッチャー）。「将来は野球選手になってメジャーに行って億稼ぐ！」とか言っていたのに、まさか飲食業を選ぶとはね、これっぽっちも思っていませんでした。コーヒーも「苦いから嫌い」と言っていたし。

では、コーヒーに目覚めたきっかけは何だったのか。息子が大学1年生（18歳）の時、洋服を見に行こうと青山に二人で出かけました。「コーヒー飲みたいからちょっと付き合って」と誘ったのが、一人でよく行っていた『SHOZO COFFEE』さんだったのです。珍しく「ここのコーヒーは飲める」と言ってはいたけど、まさか息子の人生を変えるきっかけになるとは思ってもいませんでした。『SHOZO COFFEE』さんがきっかけだったという話も、巡り巡って人から聞いたぐらいだから（笑）。

その日から、息子は一人で

『SHOZO COFFEE』さんに通い、しまいにはオーナーの省三さんに会いに、原付バイクで栃木・黒磯にある本店まで行ったみたい。その頃からかな、あちこちの焙煎屋さんから家に豆が届くようになったのは。毎朝、息子から「コーヒー飲む？」と聞かれ、豆を挽いてコーヒーを淹れてくれていましたね。かなりの数のカフェ巡りもしていたようで、アルバイト代は全て『コーヒー』に貢いでいたみたい。

工事の進行状況を見守る
21歳店主の後ろ姿

この時点でも、まさか将来息子がこの仕事に就くとは、主人もわたしも思ってもいなかったなぁ。

遠くで開業した息子を頼もしく感じるように

息子が大学2年生の夏、ご縁があって石川県能登半島で開催されていた国際芸術祭でコーヒーを淹れることに。きっとその貴重な経験で『誰かのためにコーヒーを淹れる喜び』を感じたのでしょう。その様子は地元の新聞にも取り上げられました。東京で暮らしていた時は服が好きなオシャレさんでしたが、「服なんてどうでもいい」と言い出し、すばらしい仲間たちとの出会いもあって、大学を辞めて石川県へ移住したいと伝えてきました。ハタチをすぎていたので反対はしませんでしたね。あ、ちょっとしたかな？

そして、金沢でカフェ開業を目指すため、店舗物件探しが始まりました。

わたしたちに相談があったのは二つの物件。そのうちの一つが大通りから一本入った今の物件です。図面を見せてもらった時、主人は「5坪じゃねぇ……」と。席数が少なく、たとえ満席になっ

「あれ？このテーブルはロッタにあったやつじゃない？」

たとしても一日の売り上げはたかが知れているって。わたしは気になって見に行きました（すでに契約は済んで工事も始まっていましたが）。足を踏み入れた瞬間、明るさと心地よい風といい気を感じ、「ここなら大丈夫！」と思いました。直感ですが。ただ5坪は狭いけどね。

店名は親には相談はなく、息子自身が決めました。息子曰く「僕がカフェを好きになった時と同じくらいの頃に好きになった」という、フランスの哲学者パスカルの言葉〝人間は考える葦である〟からとって、葦（あし）×人（ひと）で『cafe ASHITO』。２０１８年の夏の終わりに、金沢にオープンしました。

開店当時、息子から「コーヒーを外で飲んで仕事に行くという習慣がない場所なんだよ。でも僕はそれを広めたいから、朝7時半からやっていくんだ」と聞いたことがあります。家で一緒に暮らしていた時は料理なんて全くしなかった人が、自分であんを炊いてあんバタートーストをつくるなど、彼なりに考えているんだろうとちょっと頼もしく感じましたね。夜になると毎日のように携帯が鳴り、「お母さんの店、今日の売り上げいくらだった？」と聞かれ、勝っただの負けただのと一喜一憂。その電話もいつからか、かかってこなくなりました。きっとロッタを抜かしたのでしょう。そう思って今は安心しています。

今ではライバルであり よき理解者の関係

桜井家は4人家族。4人中3人が、それぞれカフェを経営している状況をよく驚かれますが、仲は

息子が暮らす金沢に最近ちょくちょく
行っています

いいけどみんな頑固で、似ていないようでどこか似ていて、誰かと誰かがくっついてもきっとぶつかる。このよきライバルでもあり、よき理解者でもある今の状況が、わたしたちにはちょうどいいのです。息子の店がポンツと離れていることもすごくいい。そもそも、もし息子が東京に店を出したいと言ってきていたら大反対していたと思います。ついつい口を出したくなっちゃうから。

昨年、息子と一緒にコーヒーを淹れるイベントがありました。初日は楽しくできたのですが、二日目はやり方の違いやらどうでもいいことがお互い気になって、ケンカ寸前（笑）。それでも「年に一度は一緒に何かやりたいね！」って。アシトのお客様が東京へ旅行にいらした際、わざわざロッタに足を運んでくださり、「大和くんの店によく行っています」「大和くんのお母さんに会いに来ました」という話を聞いて嬉しく思います。

東京からやって来た青年が経営するカフェは、すっかり金沢の街に溶け込んでいるのでしょう。形は変わっていくかも知れない。変えたくなる時が来るかも知れない。それもまたいいことよ。様々な風とぶつかる。しかし、また起き上がれる、店名の〝葦〟のように。応援してるよ！

cafe ASHITO/my son ♡

cafe ASHITOの店主と（長男）

No.28

お客様と何をどう話す？わたしなりの“会話術”

一方的なおしゃべりは相手を疲れさせる

日頃、お客様との会話で気を付けているのは、『わたしがしゃべりすぎない』ということ。

わたし、おしゃべりが大好きだから、お客様からテーマ（お悩み相談）を与えられると、ついつい止まらなくなっちゃうのです。でも、お客様って話を聞いてほしいんですよね。自分が逆の立場だったら、そう、オーナーさんの話が聞きたくて店を訪ねるのはもちろんですが、話も聞いてほしい。喫茶店って飲み屋さんと違って、元気な時よりなんか疲れちゃって休みたい時、ホッとしたい時、時間調整にわたしはよく使います。そんな時にねぇ、オーナーがしゃべりまくるなんてね。疲れちゃう。

「わたしが」「自分が」ではなくて、まずは聞き手に徹する。話の内容も、これも当たり前だけど、聞いていて気分が悪くなるような愚痴（悪口も）やネガティブなことは言わないようにしています。一応、話は聞くけど、過剰に乗っからないように。もし悩み相談なら、わたしの引き出しからポジティブな言葉を選んでパァーっと道が開けるような返しをしてあげたいですね。決して上からではなく。「かおりさんに聞いてもらって気持ちが楽になりました」と言っていただけたら、わたしがこの仕事についた意味があります。

何と言ってほしいか考え
いい話の流れをつくる

あと、家族の話も聞かれたらお話ししますが、自分からはしないかな。地元のお客様で、主人のこと、息子たちのことを知っている方も多いから。それに、家族の話って聞いていてつまらないでしょ。お金を払うのはお客様なのに（笑）。

　また、自慢話もほどほどに。それより、子育ての悩みを聞いてあげて「わかる、わかる。うちもだよ」「でもその大変な時期は永遠じゃなくて、いつか終わるよ」と励ましてあげる方がいい。子育ての先輩としての経験を。つまり、お客様の話を聞きながら「このお客様は何と言ってほしいのか」「どんなアドバイスをしたらいいのか」「笑いに変えてあげた方がいいのか」と相手のことを考えることが大切。いい感じで話の流れをつくり、ご機嫌をとるのです。

　と書きながら、ふと気づきまし

元スタッフのお店で飲む①

元スタッフのお店で飲む②

近所のパン屋さんで発見！
アンパンマンがマスクしてるー

た。家庭内でも同じことが言えますね。よくまわりの人から「桜井家は息子さんともよく会話しますね」と言われます。確かによく話しますね。息子とは討論もよくします。お客様とも家族ともよくおしゃべりしますが、大きな違いは、家族と話すときは一切**機嫌をとりません**（苦笑）。

知ったかぶりを辞めたら
お客様との会話が楽に！

一年ほど前（割と最近ですね）、会話の中で辞めたことがあります。それは『知ったかぶり』。お客様との会話の中で、例えば「かおりさん、〇〇ってお店ご存知ですか」「かおりさん、〇〇さん知っていますよね」と聞かれた時、知らないのに「知らない」と言えない変なプライドがそれまでのわたしにはあったのです。そこから会話が弾んじゃった時にはもう後悔しかない。今さら「うそ。本当は知らない」とは言い出せないし。それで、知ったかぶりはかっこ悪いから辞めました。そうしたら、人との会話がずっと楽になりました。

元々日本人って空気を読む人種だから、質問するのが苦手ですよアイスコーヒー用のグラスがなくてはちみつの空き瓶を代用。ちょっとかわいいんじゃない?

ね。でも、質問をするということは相手の話に興味を持ち、よく話を聞いている証拠。知らないことがあって質問をするということは、逆に話し相手を安心させるのではと気づいたのです。だからハテナ?と思ったら「知らない。何それ?」と質問しちゃいましょう。そこから言葉のキャッチボールがつながって、会話が途切れなくなるといいですね。

とにかく大切なのは、話し相手(この場合お客様)の反応をしっかり見るということ。喜んでお話しをしているか? 迷惑がっていないか? 会話のスピードはあっているか? 速すぎないか? など。そして何より重要なのは、相手の目を見て表情豊かに笑顔で会話を楽しむということ。わたしなんて滑舌も悪いし、声だってちっともかわいくない。でもそんなの関係ない、とにかく笑顔。時々、外人さんみたいにジェスチャーも入れちゃったりね。

『目は口ほどに物を言う』
『話し上手は聞き上手』
とは、本当によく言ったもんだ。ふむふむ。

№29

おうち時間が楽しいと
カフェの仕事も充実する

子育ての時期は家の掃除すらできず

カフェオーナーであるわたしの「おうち時間」について、赤裸々に書こうかしら。

ロッタをオープンした当時、長男は4歳、次男はまだ8ヵ月のバブちゃんでした。仕事と子育ての両立に必死で、自分のための時間なんて皆無。気持ちにも時間にも余裕がなくて、家の中をどうこうしようなんて全く考えられなかったな。

だからかな？　店には好きなものしか置きたくなかった。パリの蚤の市で買い付けする時も、「これロッタで使えるかなー？」と頭の中に『おうち』はなかった。店のインテリアがかわいいせいか、「桜井さんのご自宅もこんな感じなんですか？」と、自宅の取材依頼も多くいただきました。が、もちろんすべてお断り。だって床には息子たちの脱ぎ捨てた服が散乱しているし、常にボールが転がっている、もう何だかぐちゃぐちゃ。インテリアの取材なんてとんでもないです、ファンの夢を壊しちゃう。

息子たちが大きくなれば部屋は片付くと思いきや、今度はテーブ

木のもの。
使ったらすぐ洗う。
そしてしっかり乾かす。
時々オイルでお手入れ

ルの上には常に教科書やらがばらまかれている。お花なんて飾るスペースなし。ちなみにこの頃の年始の抱負は、毎年『花を絶やさず飾る』でした（笑）。

今も唯一続けている「夜のルーティーン」

ただ、どんなに疲れていても酔っぱらっていても、これをしないと寝られない！みたいな変なルーティーンがいくつかあります。①洗濯機は夜回す ②ガス台は毎晩磨く③洗った食器は即拭いて食器棚に片付ける。洗いカゴにフォーク1本すら残さない。最後は流し台をピカピカに磨き、水滴一つ残さないよう拭き上げる。以上が夜のルーティーン。まっ、きれい好きと言えば聞こえがいい。でもね、もしもその後に夫や子供がコップを使って水を飲んだりしたらもう大変、「コップ使

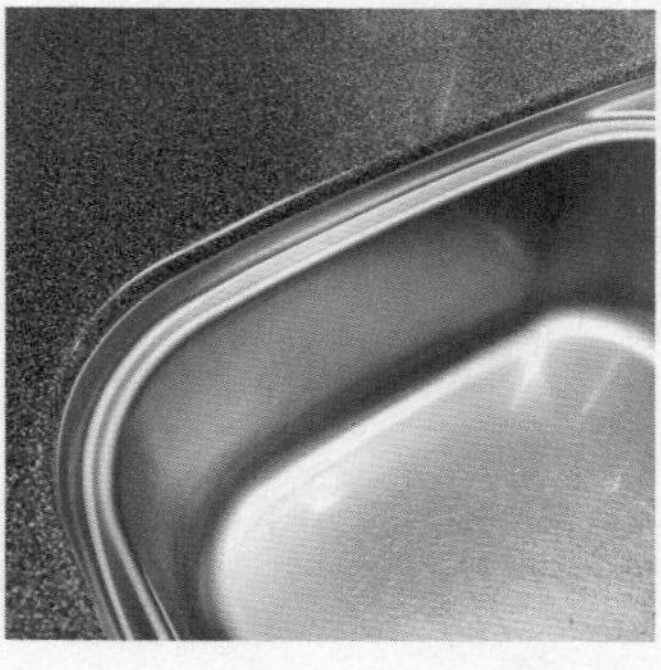

水滴一つない流し台。
これがわたしのルーティーン

わないで！」と鼻息を荒げちゃう。ね、異常でしょ。

でもこのルーティーン、実は今も続いています、というか悪化しているかも。すべては気持ちよく朝を迎えるためなんです。朝時間が昔から大好きで、とても大切にしています。

そして、これは店にも共通しています。店内やトイレの掃除は、出勤後の気持ちいい時間にバタバタとしたくない。キッチンもすぐ仕込みに取りかかりたいので、夜に磨き上げて帰ります（朝掃除派のお店もありますよね。もちろんそれも間違っていませんよ）。

花は癒し。そしてパワー

おっきな花器を探し中

家の中を整えると豊かな気持ちで働ける

2020年の春、新型コロナウイルスの影響で、約2ヵ月間、店を休業して自宅で過ごしました。店を開店してから、こんなに長く休んだのはもちろん初めて。絶好の片付けのチャンスではないか！と、毎日一ヵ所ずつ片っ端から片付けまくりました。ものもかなりの量を処分して、すごくスッキリ。そしたら気持ちまで軽く

なって。今まで、どうせ家でゆっくり過ごす時間はないからと、家の片付けは後回し。どうでもいいや、と思い込んでいたけどそうじゃなかった。片付いていれば家がやっぱり一番♡　それに気づきました。自粛期間中、買い物は極力控えていましたが、近所のお花屋さんだけは足繁く通って、花を絶やさず家のあちこちに飾りました。気持ちまでが沈んでしまわぬように。お花ってすごく癒し。

　家が整うと、当たり前ですが家で過ごしたくなるんですね、これ大きな気づきです。

　今までは原稿を書くのも落ち着く場所を求めてわざわざ出かけていましたが、今は家が一番落ち着いて書ける。映画を家で観たいと思ったこともなかったけれど、好きなお酒とつまみを用意して家で観るのが一番楽しめるってことも知った。不思議なことに、食事づくりまで楽しくなっちゃって。好きな音楽を流し、時間をかけてつくってどのお皿に盛り付けようかと、器選びから楽しんでいる。

　コーヒーもそう。店で一日中お客様にコーヒーを淹れているので、家では簡単にティーバッグで

stay home もテーブルの上に

花があるだけで enjoy home になります

紅茶を飲んでいました（これは赤裸々告白）。でもね、最近は自分のために豆を挽いてテケテケとコーヒーを淹れています。お出かけが大好きなわたしは、今までは休日を家で過ごすことは滅多になかった。たまに家にいる時はお化粧もせず、楽な部屋着で過ごしちゃうことも多かった。けど、『お化粧は出かけなくてもする』とルール変更。洋服も楽チンなものを選ぶのではなく、ちゃんと好きなものを着る。できればアクセサリーも身に付ける。

小さなルール変更だけど、テンションアップに効果絶大。

おうち時間が増えると、もっともっと気持ちよく過ごしたいという欲が出てきちゃって……いま企んでいるのは、壁のペンキ塗り。カラーチャートはすでにお取り寄せ済み。どんな色にするか妄想中です。

今までがちょっとせっかちすぎました。ソファーに座ることすらなかったもの……。家を整えておうち時間を充実させるって、公私ともにいいことしかない。カフェの仕事をする上で、気持ちを豊かに暮らすってとっても大切ですね。お客様の気持ちも豊かにして差し上げようと思えるから。

この調子で、いつか自宅の取材を「よし、来たぞ」と喜んで引き受ける時が来るかもねっ。お楽しみにー♡

ティータイムは大切よ♡

No.30

今振り返ると、やっぱりスタッフを雇ってよかったなと思う

スタッフがいれば最適なサービスを提供できる

カフェを開くにあたり、アルバイトを雇うかどうかで悩む人も多いのではないでしょうか。スタッフを雇ってカフェを運営するよさについて書こうかしら。

以前、ロッタで雇っていたスタッフは『社員』ではなく、みな『アルバイト』形態でした。なぜ社員ではなくアルバイトにこだわったのか？ アルバイト形態で雇うメリットは、待遇面の負担が少ないという点。そして、頑張れば頑張るだけ（働けば働くだけ）給料が増えるので、やる気につながるというわたし自身の経験から。人件費を調整（最適な金額）できるという点も大きなメリット。ただ、それはそれでみなが「シフトをたくさん入れてほしい」「ひと月の給料が〇〇円以上になるようシフトに入りたい」などと言ってくるので、その調整はなかなか頭を使うものでした。平等にしなくてはならないから。

カフェは接客業。人件費を抑えることばかりを考えてはいけない。人手不足でお客様への対応が不十分になると、店の評判を落としてしまいます。わたしが一番避

けたいと思っていたことです。みなさんにも経験ありませんか？　追加で注文したいのに店員さんと全く目が合わなくて、諦めちゃったこと。経営者としては最小の人件費で抑えたいところだけど、効率的にスタッフを配置する見極めも必要ですね。

15周年party♪元スタッフもたくさんお祝いにかけつけてくれました

わたし自身、子育て中はいつ急に子供が熱を出しちゃうか、また、保育園からいつ呼び出されるかわからないので、ランチタイムは自分を人数に入れず、常に『一人多め』の人員でシフトを組んでいました。もちろん人件費はかさむので大変です。が、スタッフに子供の病気のしわ寄せがいくのを避けたかったのです。子供が小さい頃は仕方がないかなと思うようにしていました。

あれ？　話が少しそれてしまいましたが、人を雇ってカフェを運営するメリットは、何と言ってもお客様へ最適なサービスができる、という点です。

一人営業に形態を変えて４年が経ちました。それによって、サービスが悪くなったとは言われたくありません。経費を削減するために一人営業に変えたのではなくて、その逆です。全てのお客様の対応をわたしが責任を持ってやりたい、という思いからです。スタッフに任せていた買い出し、仕込み、食器の上げ下げ、レジ締め、掃除……すべてを一人でやっていくことは本当に大変。それでいて自分の体調も整え、心身ともに万全にしなくてはならない。ふ〜っ。

これが一人営業の大変さであり、裏を返せば、人を雇ってカフェを運営する『メリット』になるのでしょうね。楽チンさ。

店に愛情を持ってもらう様々な作戦を決行！

では『デメリット』はあるのか？

わたしはスタッフに助けられたことが多いからパッと思いつきませんが、気を付けていたことはあります。アルバイトだと、店に対する意識（愛情）が薄くなってしまう恐れがある。それで、「わたしのなくてはならない右腕よ！」という意識を持ってもらうための作戦を常に考えていたかな。お客様からいただいたお褒めの言葉は、スタッフに伝えて喜びを分かち合う。お客様からのご指摘はみんなで考える。売り上げがいい日は、ちょこっとだけど『大入り』を出す。店に来た仕事（取材、イベントなど）は、お受けする前に何でも相談する。一緒に旅をする。飲み会もする。そして何より「ありがとう」の感謝の言葉がけと褒めることを忘れない。すると、みんながまるで自分の店のように頑張ってくれたのです。

わたしが実践していたことに『小さなお手紙』がありました。毎月手渡しするお給料袋の中に、10㎝四方のメモ用紙に一人ひとりお手紙を書いて入れていたんです。だいたいは『あなたのいいところ』を書いていたのですが、時には『せっかく美人さんなんだから、もっと顔を上げて笑ってごらん』とか気になることを書いたり

15周年 party のお料理たち。
スタッフが一人1品つくってくれました

しました。忘れずに書いていたのは、今月もお疲れ様でしたというねぎらいの言葉。

人を雇って営業する メリットはたくさんある

先日、ロッタを卒業して3児の母になった元スタッフから「以前かおりさんに〝迷ったらいったほうがいい。後悔は絶対しないよ！〟とおっしゃっていただいたことがあるんです。悩んだ時に、その言葉をいつも思い出します」と連絡をもらいました。言った本人はもちろん忘れちゃっていましたが、涙が出るほど嬉しかったな。『小さなお手紙』もみんなとっておいてくれているらしい。

雇い主と従業員の関係だったけど、卒業した後も結婚式に呼んでくれたり（主賓のあいさつは嫌よ）、家族が増えた時は連れてきてくれたり。東京のママと言ってくれて、元スタッフとはまるで親子のようないい関係がずっと続いていることは何よりしあわせで嬉しく思う。ロッタをつくってよかったな、彼女たちを雇って本当によかったとつくづく思う。

人を雇うってメリットの方が断然多い。使い捨てのような扱いは絶対にしてはいけない。雇い主が大切にすれば、スタッフはその思いに応えてくれます。人を雇ってデメリットと感じることがあるならば、まずは自分の接し方が間違っていないかを考えてみましょう。

とにかく感謝の気持ちは言葉にして伝えなくっちゃ、ね！

スタッフにも家族にも。

店をオープンする時、サヴィニャックのCHOCOLAT TOBLERを飾ると決めていたの

№31

これから先も
好きなものに囲まれて、
心豊かに過ごしたい

大好きなおしゃれは
パリのマダムをお手本に

わたしの好きなもの、わたしの
お気に入りとは。
パッと浮かんだ好きなもの。

ビール
旅
笑う
おしゃれ
カゴ
食器
古いもの
おやつ
美容院
そして仕事

桜井つぶ(愛称つぶちん♡)

洋服好きは、80歳をすぎても人と違ったおしゃれを楽しむ母の影響が大きいかも知れません。移り変わりはあったけれど、わたしのワンピースとパフスリーブとリボン好きは一貫しています。きっとこの先も。

パリに行き始めた40代前半、50代と思われるマダムがMARNIをすっごくかっこよく着こなして、颯爽と歩いていたの。それを見た時、人生のひとつの目標ができました。「わたしも50歳になったらMARNIを着よう」って。実行している今、自分があの時のマダムのように着こなせているかは……

さぁどうでしょう?

最近、インスタグラムで「どちらのお洋服ですか?」「かおりさんのように歳をとりたいです」とコメントをいただくことが多く、嬉しく思います。心がけているのは『清潔感』『品』、それにちょこっと『遊び』を入れてわたしらしさを出すこと。これは仕事着もプライベートでも共通することです。

赤いマニキュアも同じく、パリのカフェで見かけたおばあちゃまの影響。隣の席で旦那様(つまりおじいちゃま)とケーキを食べるおばあちゃまの真っ赤なマニキュアにクギづけ。当時、日本では考えられなかったから衝撃的だったなぁ。なんてかわいいの♡って。

そういえばカゴ好きもパリのマルシェで見たお買い物風景からだわ。やだ、わたしったらパリのマダムの真似っこばかりしている。そう、パリはわたしに「歳とるのもいいもんよ」と教えてくれた場所なのです。仕事柄、マニキュアは毎日楽しめないけど、お休みの日は塗るようにしています。わたしのONとOFFのスイッチだから。

ヘアスタイルは人に印象づけるものだから、そんなに変えなくていいと思っています。なのでここ十数年、大きな変化はなし。基本きっちり真ん中分けのツヤツヤ。お世話になっている美容院の

夏のパリなら、お昼前からカフェでビール♡

『KiKA』さんとは20年来のお付き合いで、3週間に一度のペースで年間予約を入れています。だからカラー（まっ、白髪染めとも言う）を自分でやったことは一度もありませーん。プロに任せる派です。

食事を楽しくしてくれるアンティークの器たち

お酒はもう本当に好き。大好き。 わたしの心の栄養剤と思っています。さすがに量は年々減ってきているけど、それでも毎日の楽しみです。休日なら昼間から。海外なら朝から。とても大事にしている時間だから、昔みたいに大人数でワイワイ飲むことはもうしません。自宅でお気に入りのグラスでひとり酒か、気心知れた友人としっぽりと。ぐでんぐでんに酔っ払うこともうないなー。色々経験して大人になりました。

お気に入りのグラスといえば、大好きなものに『器』があります。

アスティエ・ド・ヴィラットコレクション
（……のほんの一部）

ああステキ！こんなマダムにならなくっちゃ

仕事柄、とても興味があります。今は息子も大人になり、食器を割ることもなくなったので、やっとお気に入りの作家さんの器を普段使いできるようになりました。

あと、パリで買い集めた古いお皿たちも。お皿一枚でその上に盛られるお料理やケーキが全く違った表情を見せる。店ならばオーナーさんのセンスが問われます。ロッタも一人営業になってから、カップやお皿、カトラリー類、そしてお花を活ける花器ま

最近ふたたび Susie Cooper 愛がむくむくと

どこかにリボンがついていたら買う決め手となる

で、フランスやイギリスでちょこちょこと買い集めていた古いものに変えました。アンティークの小花柄のお皿に盛られたケーキはとても嬉しそう。古いお皿は揃っておらず、バラバラなのも楽しい。お客様の雰囲気で選んだりね。何より、古いものに興味がなかったであろう若い世代のお客様にお出しして、「きゃあ、お皿がかわいい」とよさがわかってもらえるのが嬉しい。わたしがプライベートでお気に入りのお店も、やはり器が素敵。お料理の味ももちろんだけど、使っているお皿もまじまじと眺め、オーナーさんのセンスを楽しんでいます。

20代の時に一目惚れした スージークーパー

世界中にファンがいるイギリスの『SUSIE COOPER(スージークーパー)』との出会いは、わたしが20代後半に訪れた代官山のお店で見つけた1客のピンクのデミタスカップでした。当時はコーヒーなんて飲めない、ましてやエスプレッソなんてなにそれ状態。価格は忘れもしない2万4000円で、普段使えない小さなカップ&ソーサーを20代でパッと買える

昔の職人さんの丁寧な手仕事にもやられる

品があってなんともかわいい♡

わけがなく、その一客のカップを手に入れるまでに何度通ったことか。

　この一客との出会いが、スージークーパーコレクションの始まりです。それを皮切りに、仕事でイギリスにテディベアを買い付けに行くたび、アンティークマーケットを回って買い集めました。この時はまさか30年後に自分が経営するカフェで使う日が来るなんて、これっぽっちも想像していなかったなー。

　気づくと、この『古いもの好き』はしっかりと息子たちに受け継がれ、長男は自分のカフェでも古いお皿とカトラリーを使い、次男は古着に興味があるようだ。わたしが元気に歩けるうちに、息子たちとパリやロンドンのアンティークマーケットを巡る旅をすることが次なる夢だが……あ、ダメだ。好きなものが似ているから、親子で取り合いになっちゃうね。

　新型コロナウイルス流行のように、生きているといろいろな困難にぶつかることがあるけれど、これから先も好きなものに囲まれて、心豊かに生活も仕事もしていきたいものです。『好きなもの』に囲まれていると、仕事も楽しくなるのは実証済み！

カフェロッタの人気メニューレシピ9

ロッタ風ポークライス

ご飯にのせてポークライスにするもよし、単品で酒のつまみにするもよし、です。パクチー好きなら、パクチーのトッピングもなおよし。特製秘伝だれは日持ちもするので、とても便利です。

memo
特製秘伝だれは肉料理に限らず、ぶりの照り焼きなどの魚料理にも使えます。

〈材料〉(1人分)

豚バラ肉……………………80〜100g
サラダ油………………………………適量
もやし………………………………1/2袋
カフェロッタ特製秘伝だれ★…適量
ご飯…………………………好きなだけ
刻みのり……………………………適量
かいわれ菜…………………………適量

〈つくり方〉

1. フライパンにサラダ油を熱し、食べやすく切った豚バラ肉を入れて炒める。
2. 豚肉に火が通ったらもやしを入れ、さらに炒める。この時に飾り用のかいわれ菜の残りを入れてもOK。
3. 特製秘伝だれを回し入れて混ぜ合わせ、火を止める。
4. 炊きたてのご飯を器にこんもりと盛って刻みのりを散らし、上から3をのせ、かいわれ菜を飾る。

★ カフェロッタ特製秘伝だれ

〈材料〉(つくりやすい量)

りんご…………………………………1個
にんにく……………………………50g
生姜(皮付き)………………………80g
醤油……………………………450ml
みりん…………………………225ml
酒………………………………225ml
砂糖……………………………200g
水………………………………100ml

〈つくり方〉

1. りんごは洗って皮と芯が付いたまま3mm厚にスライスする。にんにくは皮をむいて1片を3等分にスライスし、生姜は洗って皮付きのまま3mm厚にスライスする。
2. 1とその他の材料をすべて深めの鍋に入れて強火にかけ、沸騰したら火を弱めて約1分煮る。
3. 火を止め、できれば鍋に入れたまま常温で3日間ねかせる。
4. ボトルをアルコール消毒し、3をザルで漉しながら移し替える。
※保存期間は約2週間

カフェロッタの人気メニューレシピ 10

オムライス ◡̈

ロッタのオムライスはケチャップで絵を描いて提供していたため、卵の下はケチャップライスではなくデミライスにしました。特製デミグラスソースはつくり置きができてとても便利。ドリアなどにも活用してください。

〈材料〉（1人分）

卵……………………………………………2個
牛乳…………………………………大さじ1/2
生クリーム…………………………大さじ1/2
プロセスチーズ………………1cm角5〜6個
サラダ油……………………………………適量
ご飯…………………………………好きなだけ
特製デミグラスソース★……………お好みで
バター（食塩不使用）………………大さじ1弱
ケチャップ…………………………………適量

〈つくり方〉

1. 卵液をつくっておく。ボウルに卵を割り入れてよくほぐし、牛乳、生クリーム、プロセスチーズを加え、さらに混ぜる。
2. あたためたフライパンにサラダ油を敷いてご飯を炒め、特製デミグラスソースを加えて、きれいに混ざり合ったら器に盛る。丸くこんもりと盛ると、最後にケチャップで顔を描いた時にかわいいです。
3. 小さめのフライパンにバターを溶かし、1を流し入れる。完全に火を入れず、とろとろの半熟の状態で火からおろし、2の上に滑りのせる。
4. 卵の上にケチャップで絵を描きましょう♡

memo

缶詰めのデミグラスソースとフォン・ド・ヴォーをベースにすると、本格的な味わいのソースが簡単につくれます。ロッタではハインツを使用しています。

★ 特製デミグラスソース

〈材料〉（つくりやすい量）

A　セロリ…25g
　　玉ねぎ…60g
　　人参……40g

鶏ひき肉（ムネ）……………………150g
サラダ油……………………………適量
白ワイン……………………………適量
デミグラスソース…………1缶（290g）
フォン・ド・ヴォー（仔牛のだし汁）……70g
ケチャップ……………………………70g
コンソメ………………………………15g
コーン缶（ホール）…………………150g
赤ワイン……………………………140ml
水……………………………………140ml

〈つくり方〉

1. Aをフードプロセッサーでみじん切りにする。
2. あたためたフライパンにサラダ油を薄く敷き、鶏ひき肉を入れて炒め、白ワインを加えて香りづけする。
3. 鍋に1、2、その他の材料を入れて強火にかけ、沸騰したら弱火にし、ほぼ半量になるまで1時間ほど煮詰める。

Paris

こよなく愛する「パリ」が、わたしの笑顔をつくる

パリ1好きなカフェ。ずっといたい

高級でなくていい 居心地のよいホテルを選ぶ

Bonjour! このあいさつで一日が始まるパリが好きすぎて、気づけば渡仏回数は20回超。そんな愛するパリの旅のお話が書けるなんて。

旅の計画は半年前からひそかに始まります。子供の学校の年間スケジュールをチェックして、まずエアーの予約をポチッと。次に、楽しいホテル選び。ご存知の通りパリは20区に分かれていますので、まず地区を選ぶ（私は6区、7区、13区のこじんまりしたホテルに滞在することが多い

ホテル ル プチ ショメル の朝食ルームはシック

パリの定宿（……の一部）
まだまだ新規開拓中よ♡

です）。そして、一泊あたりの予算に見合うホテルを探すのですが、わたしはいつも帰国時の荷物の量が半端ないので、重要なポイントはエレベーターの有無。綿密な下調べのおかげで、ホテル選びで失敗したことはありません。

若い頃は「ホテルはどうせ寝るだけ」と重要視していなかったけれど、歳をとるとホテル選びは旅の印象を左右すると言っても過言ではないほど、とても重要だと気づきました。例えばある年のパリ、昼間は晴れていたのに（自称晴れ女）、「さぁ飲みに行こう！」という夜7時ぐらいから毎晩突然の雷雨で、一歩も外に出られない状態でした。そんな時、ホテルの居心地のよさは重要で、ロビーで過ごすバータイムは、それはそれはとてもいい時間となりました。

決して高級なホテルでなくてもいいのです。ゆっくり体を休められる安全で清潔なホテルなら。それでインテリアが好みなら言うことなしね。

「何を食べるか？」で毎日のコースが決まる

さぁ、エアーとホテルが決まったら、次は「何を食べるか？」で毎日のコースが決まります。（これはわたしの場合）朝食が大好きだから、一日の始まりのプチ・デジュネ（朝食）をどこでいただくかはとても大切。クロワッサンだけを堪能するパン屋さん、ショソン・オ・ポムを目指して行くお店もあります。いずれもパリに行くたびに足を運ぶ、お気に入りのお店。そのあと、午前中は街のあちらこちらに立つマルシェを回ったり蚤の市に行ったりして過ごします。

遅めのデジュネ（昼食）は、クロックムッシュとフランスのビールだったり、サラドニソワーズと白ワインだったり。短い旅程だったら一回だけちょっと奮発して、昼からコース料理を予約します。夜のコースは高いけど昼のコースなら……という、その時に評判のレストランとかね。

　ディネ（夕食）はがっつりといただくことはあまりなく、おつまみが美味しくて自然派ワインが飲める立ち飲みのワインバーで、パリに住む友人と過ごすことが多いかな、最近は。アパルトマンに滞在なら、ワインとチーズを用意して家飲みも楽しい。

　朝食から昼食の間、昼食からワインタイムまでの間、ケーキ屋さんにも数軒立ち寄るのですから、どんだけ食いしん坊なのでしょうね、わたし。


　旅の準備にも食いしん坊の秘策が。一番大きなスーツケースの中に、小さなスーツケースを入れ子にして持って行きます。その中に買ったジャムやお皿を包むプチプチと養生テープとハサミ、バターを持ち帰るための大きなプラスチックの保存容器と保冷剤、パンやクッキーや板チョコを無事に運ぶための紙製の箱（女性用の靴箱がベスト）を入れて出発します。帰りは大小のスーツケースがパリの香りでパンパン。

年配マダムにカフェ店員
パリの「人」も魅力的

　パリに暮らす女性、特に年配のマダムを見るのも好き。背筋がシャンとしていてかっこよくて、女性であることを楽しんでいる。〝おばちゃん〟じゃないのだ。日焼けは勲章で、シミなんて恐れず。わたしも影響を受けて、日傘と日焼け防止の手袋は辞めました。

　カフェの店員がみな笑顔でリズミカルに働いている様子を見るのも好き。「Bonjour（こんにちは）！」と迎えてくれるのも好き。

　どうしてわたしはこんなにもパリに通うのか？　美味しいものが食べたいから？　それもちょっとあるけど、ただただあの空気を体いっぱい吸いたいのです。パリに通うようになって、歳をとることが楽しみになりました。仕事もとにかく自分が楽しもう！と思えるようになりました。そうすると、必然的に笑顔でお客様を迎えられます。

　いつの日か店を閉めた時、たっぷりと時間をかけてフランスを列車で回りたいな。街を歩いてカフェのテラスでワインを飲んで、ただその繰り返しの時間を贅沢に過ごす旅。それまでは店があるから、一週間ぎゅうぎゅうのパリ旅になっちゃうけどね。今はそれが好き！

ワンジュール！

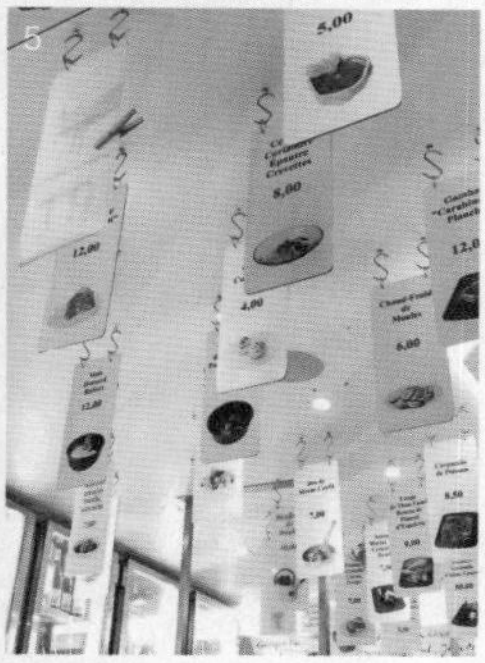

1. デュ・パン・エ・デジデのショソン・オ・ポム。生りんごならではのみずみずしさ　2. C.O.Q Hotel paris 今回泊まったホテル。オシャレさんしかいなかった　3. デュ・パン・エ・デジデのパンデザミは帰国日に買って持ち帰ります　4. ホテルのテラスでぺちゃんこの桃とヨーグルトで腹ごしらえ　5. ワインバーのメニューはほら天井よ！背が低いわたしには全く見えません……

Paris

蚤の市イベントのため、パリで大量に器を買い付ける

やっぱり紙の地図が好きだなー（老眼鏡必須だけど）

大量の皿やカトラリーをパリから持ち帰る術

ある年のパリ旅行は4泊6日の日程で、なんとお皿を40枚、カトラリー類もたくさん買い付けてきました。ロッタで開催する『パリに行ってきました展』のために。

「このお皿の量、パリから送ったの？」「いったい一人でどうやって持ち帰ったの？」とみなさんから聞かれ、驚かれました。送っていませんよ。すべて持ち帰りました。

お皿は買った日に、どんなに疲れていてもワインを飲んで気分がよくても、ホテルの部屋で簡単に洗って値段も1点ずつ裏に貼っておきます。値段は絶対に忘れないと思っていても、絶対にあやふやになっちゃうから。そして、日本から持参した新聞紙とプチプチで頑丈に包み、機内持ち込み用のスーツケースに隙間なくぎっちりと並べる。これが、わたし流の割れないポイントです。あ、でもカトラリー類（フォークもバターナイフも）は刃物と見なされるので、預け入れ用のスーツケースに入れることをお忘れなく。うっかり手荷物に入れてしまって没収されてしまった悲しい経験があります。忘れたくても、荷造りのたびによみがえる苦い思い出。

1.圧巻！選べない　2.帰国日前夜の恐怖の荷造り　3.ええっ！お皿のジェンガですかー？　4.買い付けで疲れたカラダにはこれこれ〜

チャームポイントがあって〝使える〟器を選ぶ

帰国してから5日後に、プロのバイヤーの友人と『パリに行ってきました展』を開催しました。パリで買い付けた器やカトラリーをロッタで販売する、恒例の蚤の市イベントです。これが毎回好評で、初日はみなさん並んで待ってくださっています。

「どういったところでお皿を見つけてくるのですか?」というご質問をよく受けますが、これはただただ歩き回って探すのみ。もちろん、週末の蚤の市には足を運びます。毎日どこかしらで開かれ

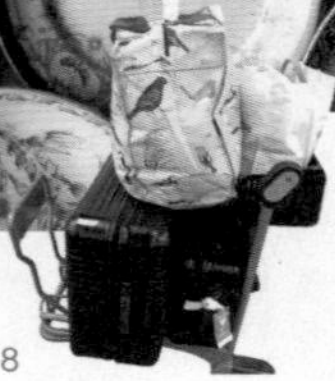

6&7. 荷物をほどいたら あぁなんてかわいいのー！　8. よく無事に帰って来られましたね、わたし

ている小さな蚤の市（ブロカント）ものぞきます。こういう所にけっこう掘り出し物があったりして。あとは、小さなアンティーク屋さんもメトロ（地下鉄）を駆使して1日に何軒も回ります。歩けば歩くほど増えていく荷物。重い。それも割れ物。気を使う。

　いくらみなさんが待ってくれているとはいえ、あと何年こんなこと続けられるのだろう……とも思うのですが、楽しみに待っている方がいらっしゃると思うと、年齢の限界を超え、ついついバカ力が発揮されちゃうんです。

　古物商の資格は持っているものの、アンティークに関してはド素人です。アンティークとして価値あるものを見抜く審美眼を持ち合わせていなければ、ストーリーも語れません。ただ〝これ好きだな〟というアンテナで選んでいます。わたしは個人的に、小さなチップややわらかな貫入（表面にできるひび）が入っている陶器が大好きです（わたしはそれをチャームポイントと呼ぶ）。あとは、ぜひ使っていただきたいので〝使える〟というのが物選びのポイントに。

　大切に持ち帰ったお皿たちをバーッと広げて眺めると、それはそれはかわいい！　全部自分が欲しくて選んだもの

9. また来るね。パリ　10. 愛用のパリマップはジャンジャン書き込んでボロボロ　11. 早朝のカフェの風景。椅子タワー　12. 蚤の市で見かけたおしゃれなマダム。パリはファッションチェックも楽しい！　13. ここのブロカントははずせない

だからね。いい意味でプロではなくバラバラな感じもよし。フランスのどこかの家庭で代々大切に、いや普段使いだったかもしれないけれど、それがわたしを通してまたテーブルを飾り、心を豊かにして大切にされていく。とっても素敵なこと。

器は使ってなんぼ！心を豊かにしてくれる

子供たちが大きくなって割られる危険性がなくなった頃からかな？　わが家は古い器を普段使いするようになりました。和食も洋食も。その影響も多少はあるのでしょうか？　長男も古い器好きな男になりました（笑）。

大切に扱うからかしら。意外と割らないものですよ。悲しいけれど、もし割ってしまったら二度と同じものには出会えないかもしれない。でもね、一番もったいないのは、それを恐れて使わず大切に棚にしまい込んでしまうこと。使ってなんぼ！です。心が豊かになります。これからはトークイベントなどを通して、アンティークの使い方もどんどん提案していけたらなと思っています。パリ愛を伝えていきたいな。

あぁ、まだまだやりたいことがたくさん！

Paris

夏休みの旅先はやっぱり「パリ」なのだ

Hôtel Henriette Paris　今 一番お気に入りのホテル

旅の計画を練るところから楽しむのがわたし流

ある年の夏休みに訪れたパリの旅のお話を書こうかしら。愛しいパリよ♪

日程は8月末出発、6泊8日。この季節のパリ、最高でしたよ。まだヴァカンス中で休んでいる店も多いけれど、朝晩はひんやりと涼しく、日中はカラッと晴れて。そんな気持ちのよい季節のパリ、美味しいものが出回り出すパリ、「もっとゆっくり滞在したらいいのに」とよく言われますが、店を一人でやっているわたしはこの長さが限界かな……店をあまり長く休むのはドキドキしちゃう。長い旅はいつか、いつかの楽しみに。

旅の楽しみ方は十人十色。ここでわたしの楽しみ方を。

旅の計画は半年前から練ります。あれこれと計画する時間から楽しまないと、もったいないもん。わたしはエアーからおさえます。出発日ギリギリに値段が下がる格安チケットを取るという旅の達人の友人もいるけど、わたしは長年の経験で、乗りたい時間帯、座りたい席が決まっているからね。

乗りたい時間帯は？　パリに着いた日の夜から楽しみたいので、午前出発の直行便を選びます。パリには同日の夕方に到着。ホテルのチェックインを済ませ、身軽になってホテルの近く、またはホテルのバーで軽く一杯ができるからです。今回はパリ在住の友人たちが待っていてくれて、3人でワインを2本飲んじゃったけどね。

帰国日は？　ギリギリまで飲み食いや買い物を楽し

1.『Dreamin man』はオーナーが日本人の人気のカフェ。小さなお友達と　2.クマ、クマ、クマ、クマ……　3.『デュ・パン・エ・デジデ』のエスカルゴ。持ち歩いちゃダメ！焼きたてをその場でね

みたいから、夜便を選びます。深夜の最終便の一つ前。過去に一度、最終便がトラブルで飛ばず、スタッフに迷惑をかけたことがあったので怖いから。

新しい店も巡るけど結局は老舗店にホッとする

さぁ、エアーをおさえたら、次は楽しいホテル選びよ。いつかパリのホテルの本を書きたいと思うほど（本気!）、パリのホテルライフが大好き。高級ホテルでなくていい、三つ星以上なら。広くなくったっていい、スーツケースが広げられたら。バスタブも1週間ぐらいの滞在ならなくていい。ポイントは、インテリアが好みか、安全なエリアか、そしてエレベーターがあるかどうか、です。実際に宿泊してチェックするのは、清潔かどうか。気に入ったら、わたしの秘密のリストに加えていきます。

スタッフの対応も、実はとても勉強になることが多い。カフェの経営と通ずるものがあって、箱がどんなに素敵でも、店主やスタッフの感じが悪ければ、次に訪れたいとは思わないですもんね。大切、大切。

そして、最後にどんなテーマの旅にするかを考えます。わたしは仕事柄〝食べる〟〝飲む〟が毎回のテーマ（ただの食いしん坊）。新しくできた評判のカフェやケーキ屋をあらかじめチェックして、地図に印を付けておきます。評判のメニューも要チェック。でも、地図を頼りにわざわざ足を運んでも、「ここ好き」という店にはなかなか出会えません。結局、昔からある老舗のカフェやビストロにホッとしたりして。ギャルソンのテキパキとした動きは、見ているだけでも勉強になります。

パリの街並には小洒落たカフェよりも、ファサードがのびるテラス席のあるカフェが、やっぱりしっくりくる。

そんな人気のテラス席で、明るいうちからワインを飲むムッシュやマダム、かっこよすぎて見惚れちゃう。わたしがパリを好きな理由の一つがマダムたち。60代、70代のマダムがきちんとメークをして赤いネイルをして、服もピンクや赤など綺麗な色を取り入れておしゃれして、背筋もピンとのびて、本当に素敵なんです。歳をとるのが楽しみになるのです。

アペロやプチ・デジュネもパリならではの楽しみ！

　近年のパリでのお気に入りの過ごし方。日中は蚤の市を何軒も回ってロッタのイヴェント用にアンティークのお皿を買い集めたり、カフェ巡りをしたりと、平気で3万歩は歩きます。そして、夕方にいったんホテルへ戻り、重い荷物をおろしたらシャワーを浴びて、再び出かける。早い時間（16時ぐらい）から、ワインの立ち飲みを楽しむために（この時間を〝アペロ〟といいます）。生ハムとチーズをつまみながら、一人ならグラス2杯ほど、友人と一緒ならボトルを開けます。「あぁ、パリにいるんだ」と実感できるひととき。ディナーを抜くこともしばしば。そうすると、翌朝はお腹がすいて目覚め、プチ・デジュネから楽しめるから。あ、ホテルを予約する時は、ぜひ朝食なしでね。朝、焼きたてのクロワッサンを目指して散歩をしましょうよ。

　滞在中に必ず寄る、おいしいクロワッサンがいただける店。その①パリ10区にある『デュ・パン・エ・デジデ』。その②パリ12区にある『ブレ・シュクレ』。小さな街のパン屋さんですが、クロワッサンは昼には売り切れてしまうほどの人気店。実はマドレーヌもおすすめです。簡易包装だからお土産にはできないけど。

　渡仏歴はおそらく20回以上、近年はパリの楽しみ方が変わってきました。買い物がメインだった旅は卒業。パリの空気が吸えるだけでもしあわせで、あの独特の匂いすら愛おしく、物欲はゼロに（美味しいものはスーツケースいっぱいに買い込むけどね）。

　こんなに大好きなパリに関われる仕事が、いつかできたらいいなぁ。現在は中断しているパリツアー（友人やロッタのお客様を同行する）も、子供たちの手が離れたので再開を考え中。どんだけわたしはパリが好きなんだろう、ね。もし、生まれ変われるのなら、フランス人でよろしくお願いします。

1

2

3

街のあちこちにユニークなアート。
まてまて〜！

4

5

7

6

1.『Cravan』この旅でぜひ行きたかったカクテルバー　2.Hôtel Panache Paris　3. プチ・デジュネ（朝食）が大好き！　4.『ブレ・シュクレ』のクロワッサン。わたしの中のナンバーワン　5. 夜、ホテルに帰ると床に BONNE NUIT（おやすみ）　6. ギャルソン、かっこいーい♡　7. 買い付け中。肩が引きちぎれそう……

おわりに

実は。

このエッセイのお話をいただいた３年前から、2021年で物件が取り壊されることは決まっていました。

同年９月末日をもってカフェロッタは閉店します。


たった７坪の小さなカフェ。小さなカフェだけど、残したものはとても大きいと自負しています。

今秋でカフェロッタの形はなくなってしまいますが、みなさんの人生のほんのひとコマに「あんなカフェがあったね」と残ってくれたら、それはそれは本当にカフェオーナー冥利に尽きます。


この本ができたことによって、20年という長い時間が一段落したような気がします。

こんな想いを伝える機会をくださった旭屋出版様。

わたしを見つけ出してくださった編集の三上さん。

わたしの好みを熟知し、毎月かわいらしくデザインをしてくださったスーパーミーのさやかちゃん。

この場を借りてお礼申し上げます。

足を運んでくださったすべてのお客様、遠方から応援してくださっている方々、愉快な性格に育ててくれた両親、仕事が一番、家のことは二番のわたしに文句一つ言わなかった家族（文句言われたのかな？　忘れちゃった）、友人、同業の仲間、そして、カフェロッタに関わってくれたすべてのスタッフたちに、たくさんの感謝の気持ちを。

最後になりましたが、今を支えてくれているママ友のリエちゃんには最大の感謝を。

そして、自分には花の首飾りをかけてあげたいです。


カフェロッタをつくって本当によかった。

ロッタちゃん20年間ありがとう。

ちっともさびしくなんてありません。とても清々しいです。


もしどこかでわたしを見かけたら、ぜひお声をかけてくださいね。

2001年春　open
2021年秋　closed

桜井かおり

CLOSED

桜井かおり（さくらい　かおり）

『café Lotta』オーナー。

大手損害保険会社のOLを経て、東京・代官山『クリスマスカンパニー』にアルバイトとして勤務。間もなく支店の店長に抜擢され、系列店のテディベア専門店『CUDDLYBROWN』で店長を任された際には、イギリスやアメリカでテディベアの買い付けなども経験する。

その後、東京・世田谷『café Angelina』のオーナー・桜井昇氏との結婚を機にカフェの道へ。パンとお菓子づくりを習得し、2001年3月、長男4歳・次男8ヵ月の時に自身の店『café Lotta』を開業。当時には見られなかったラテアートや、ケチャップで顔を描いたオムライスといったオリジナリティのあるメニューを提供。ヨーロッパのアンティーク家具を配したあたたかい雰囲気の店内で、心のこもった接客を実践するなど、自分らしさを大切にした店づくりで多くのファンを獲得した。2014年から開始したインスタグラムも好評で、フォロワーは2万4千人を超える。モットーは「何事もどうせやるなら楽しもう！」

café Lotta

住所／東京都世田谷区世田谷4-2-12
TEL／03-3428-1126
（2021年9月末まで）

桜井かおり　インスタグラム
@kaorilotta

編集　三上恵子
撮影　桜井かおり、田中慶、山口アッシ（Super Me Inc.）
クリエイティブディレクション　脇もとこ（Super Me Inc.）
アートディレクション　山口アッシ（Super Me Inc.）
デザイン　渡邉彩加（Super Me Inc.）

カフェロッタのことと、わたしのこと

発行日　2022年10月4日　第5版発行
著　者　桜井かおり（さくらい・かおり）
発行者　早嶋 茂
制作者　永瀬正人
発行所　株式会社 旭屋出版
〒160-0005　東京都新宿区愛住町23番地2　ベルックス新宿ビルII 6階
TEL 03-5369-6423（販売部）
TEL 03-5369-6424（編集部）
FAX 03-5369-6431
https://asahiya-jp.com
郵便振替 00150-1-19572
印刷・製本　株式会社シナノパブリッシングプレス

ISBN978-4-7511-1439-1 C2077